왜 결국 삼성전자인가

왜 결국 삼성전자인가

잡스의 혁신을 넘어선 갤럭시S의 이야기

초판 1쇄 펴낸 날   2013. 1. 18

지은이	김병완
발행인	홍정우

책임편집	이민영
디자인	NO9BOOK
마케팅	정다운, 한대혁
발행처	브레인스토어
등록	2007년 11월 30일(제2007-000238호)
주소	(121-894)서울시 마포구 서교동 381-36 1층
전화	(02)3275-2915~7
팩스	(02)3275-2918
이메일	brainstore@chol.com

ⓒ 김병완, 2012
ISBN 978-89-94194-34-9 13320

왜 결국 삼성전자인가

잡스의 혁신을 넘어선 갤럭시S의 이야기

김병완 지음

bs
브레인스토어

삼성전자는 어떻게
세계 최고의 기업을 맞아
승리할 수 있었을까?

"2010년 6월 24일 갤럭시S가 출시되었다! 그리고 모든 것이 바뀌었다."

보이지 않는 질서 위에서 잘 진행되어 오던 글로벌 휴대폰 업계에 한 명의 이 단아가 2009년 6월 8일(2009년 11월 28일 한국 출시) 거대한 핵폭탄 같은 위력을 가 진 아이폰3GS라는 괴상한 이름의, 초기 모델보다 훨씬 더 강력해지고 빨라지고 세련된 스마트폰을 출시했다. 전 세계인들은 그 스마트폰에 뜨겁게 열광하기 시 작했고, 그로부터 몇 년 후 업계 최강 노키아라는 거대 공룡이 1등 자리에서 물 러났다.

그런데 놀랍게도 1등 자리에 오른 이는 그 이단아의 기업인 애플이 아니라 오 랫동안 글로벌 휴대폰 시장에서 2위를 차지하고 있었던 패스트 팔로워fast follower, 그 어떤 혁신 제품도 생산해 내지 못했던 영원한 2위였던 삼성전자였다.

과연 그 비밀은 무엇이었을까? 어떻게 삼성전자는 세계 최고의 혁신 기업인 애플을 맞아 선전을 할 수 있었을까? 거대 공룡 기업, 최강 1위였던 노키아마저 애플에 떠밀려 심하게 흔들리고 1위 자리에서 물러났음에도 삼성전자는 어떻게 그렇게 할 수 있었을까?

즉, 거대한 세계 1위 기업이었던 노키아마저 패배의 고배를 마셔야 했고, 제대로 공격다운 공격도 애플에 해보지 못한 채 몰락해 가고 있는데도, 패스트 팔로워에 불과했던 영원한 2위 기업이었던 삼성전자는 어떻게 퍼스트 무버first mover였던 또 다른 세계 최고의 혁신 기업인 애플을 맞아 어깨를 나란히 할 수 있었던 것일까?

아이폰이 처음 출시되었을 때는 전 세계인들은 물론이고 한국인들도 모두 열광했다. 그리고 이제 삼성전자와 같은 스마트폰을 만드는 회사는 망하게 될 것이라고 한결같은 독설을 내뱉었다. 마치 혁신을 하지 못하는 기업에 대한 조롱처럼 말이다. 전 세계 대부분의 사람들은 아이폰이 출시된 후 머지않아 아이폰은 업계 1위가 될 것이고, 다른 대부분의 기업들은 흔적도 없이 사라지게 될 것이라고 말했다. 실제로 아이폰이 출시되고 나서 아이폰의 엄청난 시장점유율 성장 속도는 이런 소문이 실제로 현실에서 일어나고도 남을 것이라는 대변혁을 예고하는 것과 다를 바 없었다.

이런 대변혁의 시기에 삼성전자를 제외하고 대부분의 기업들은 살아남지 못했다. 최소한 그 어떤 성장도 하지 못했다. 하지만 삼성전자만은 선방한 정도가 아니라 2위에서 1위로 올라서는 저력을 보여 주었다. 과연 삼성전자의 비결은 무엇이었을까? 삼성전자의 위대한 선택과 전략은 무엇이었던 것일까?

더욱더 놀라운 사실은 세계 최고의 혁신 제품을 만든 기업을 뛰어넘은 삼성전자는 그 전에는 별로 혁신적인 기업이 아닌 그저 패스트 팔로워에 불과한 기업이었다는 점이다.

삼성전자에만 있고, 노키아에 없었던 경쟁력은 무엇이었을까? 삼성전자에만 있고 애플에는 없었던 것이 무엇이었을까? 애플은 왜 세계 최고의 혁신 제품을 만들어놓고도 삼성을 이기지 못했을까? 삼성은 왜 제대로 된 혁신 제품을 하나도 만들지 못했음에도 세계 1위 기업이 될 수 있었던 것일까?

이 책은 바로 이러한 사실, 즉 '어떻게 삼성전자는 세계 최고의 혁신 기업을 맞아 승리를 할 수 있었을까?'에 대한 이야기를 통해 새로운 경영의 패러다임에 대해 이야기를 나누어 보고자 하는 것이다.

삼성전자의 역사를 잠시 되돌아보면 삼성전자의 휴대폰 사업은 말 그대로 '맨땅에 헤딩하기'로 시작했다. 그것도 후발주자로 말이다. 삼성전자는 패스트 팔로워의 위상을 유감없이 보여 주었다. 그래서 1999년 1,000만 대 판매였던 것이 2003년 5,000만 대, 2004년 1억 대를 기록하여 '연간 휴대폰 1억 판매시대'를 열었다.

1999년 12월 21일 삼성전자는 휴대폰 분야에서 세계 5위로 처음 링크되었다. 그리고 얼마 지나지 않은 2003년 매출액 기준으로 세계 2위에 등극했다. 그리고 지금까지 막강한 거대 기업 노키아 밑에서 패스트 팔로워로 2위를 지속해 왔다. 그러다가 최대의 위기인 애플의 아이폰을 만났고, 결국 몰락하지 않기 위해 저력을 발휘해 1위가 되었다. 삼성전자에게 위기는 언제나 새로운 도약의 기회가 되어 주었다.

삼성전자는 2006년에도 이와 비슷한 위기가 도약의 기회가 되어 준 경우가 있었다. 영국의 경제주간지 『이코노미스트』는 '불과 10년 전인 1996년만 하더라도 연간 5,000억 원에 달하는 적자를 내던 삼성전자가 IMF라는 엄청난 위기를 맞아 거대한 불황에 휩쓸려 몰락하기는커녕, 오히려 세계적인 기업과 어깨를 나란히 할 정도로 도약을 하게 된 비결은 무엇이었을까?'에 대해 분석한 적이 있었다. 여기에 대해서 『이코노미스트』는 다음과 같이 평가한 적이 있었다.

'첨단 기술과 현명한 브랜드 마케팅이 결합하면 기적을 일으킬 수 있다는 사실을 입증했다.'

즉 삼성전자의 치밀한 브랜드 관리와 마케팅이 품질 우선의 기술 중시와 접목이 되어 기적을 일구어 내었다고 『이코노미스트』는 평가했다.

이런 기적이 삼성전자에 또 다시 일어났다. 바로 애플의 아이폰으로 인해 세계 휴대폰 업계가 심하게 흔들리고 지각변동이 일어났던 최근 3년 동안 2위 기업인 삼성전자가 몰락하지 않고 1위 기업으로 자리매김한 것이다.

과연 삼성전자의 비결은 무엇이었고, 경쟁력은 어디서 비롯되었던 것일까? 삼성전자의 저력은 무엇이었던 것일까?

글로벌 경기침체가 장기화될 조짐을 보이고 있는 위기의 경영 상황 속에서 삼성전자의 갤럭시 스토리는 모든 사람들과 기업에게 의미 있는 지혜와 메시지를 선사해 줄 것이다.

2013년 1월

김병완

| 차례 |

처음에는 스마트폰의 대명사가
아이폰이 아니었다

제1장

인류 역사에 남을 혁신적인 제품이 탄생하다

삼성전자는 혁신 기업이 아니었다

"삼성은 이노베이터^{Innovator} 혁신다. 모두가 할 수 없다고 말하는 것을 삼성은 내놓는다."

『뉴욕 타임스』칼럼니스트인 윌슨 로스만이 2004년 1월에 삼성전자에 대해 평가한 말이다. 하지만 그의 평가를 100% 신뢰할 수 없다. 특히 애플이 아이폰을 내놓으면서 최고의 혁신 기업으로 저만치 앞서 갈 때인 2008년부터 2010년까지는 더더욱 그렇다.

삼성전자를 가장 잘 아는 사람은 한국인들일 것이다. 특히 실제로 삼성전자에서 십 년 넘게 근무했던 사람들은 일반 국민들보다 더 잘 알고 있을 것이다. 필자 역시 이곳에 근무했던 삼성맨으로서 불과 2, 3년 전까지만 해도 삼성전자를 평가할 때 삼성전자는 이노베이터가 아니었다. 이노베이터 전문가들의 다양한 평가나 다른 권위 있는 외신의 평가들을 종합해 볼 때도 이 말은 변함이 없는 사실이었다.

혁신과 경영 전략 분야에서 세계 최고의 전문가로 평가받고 있는 제프 다이어와 클레이튼 M 크리스텐슨, 할 그레거슨은 「이노베이터 DNA」라는 논문을 발표했다. 이들은 8년여에 거쳐서 애플, 구글, 아마존, 버진 그룹 등의 CEO이자 세계 최고의 혁신가들을 만나서 인터뷰하고 조사를 하며, 그들을 분석했다. 그리고 그 결과를 논문으로 발표하였고, 그 논문은 하버드 비즈니스 리뷰의 맥킨지상 SECOND PLACE를 수상할 정도로 인정을 받았다. 그 논문을 조금 더 일반인 상대로 변형시키고 발전시켜 나온 책에 보면 삼성전자에 대한 냉혹한 평가가 들어있다. 그 대목이 바로 이것이다.

"예를 들어 『비즈니스위크』의 상위 25개 기업 리스트 가운데 9위 소니와 12위 삼성은 역사적으로 소비 가전 업계에서 혁신을 이루어왔다. 하지만 최근 들어 투자자들은 가전 분야에서 큰 수익이 나지 않는 것을 보았고, 미래도 그리 긍정적이지 않게 생각한다. 그런데 『비즈니스위크』리스트 17위에 오른 경쟁사 닌텐도는 26퍼센트라는 혁신 프리미엄을 누리고 있다. 닌텐도는 위^{Wii}처럼 혁신을 통해 높은 수익을 창출했으며, 향후에도 잘하리라 기대가 되기 때문에 우리가 선정한 혁신 프리미엄 기업 리스트에서 더 높은 자리를 차지하고 있다. 자동차 생산 업체인 BMW와 토요타, 혼다는 리스트의 하위에 있다. 그 이유는 그들이 앞으로 혁신을 하지 않는다고 생각해서가 아니라, 혁신 활동으로 수익 내기가 그리 쉽지 않으리라는 판단 때문이다."

- 218쪽, 제프 다이어 외, 『이노베이터 DNA』

이 책의 217쪽을 보면, 2005년 『비즈니스위크』는 전 세계적으로 가장 혁신적인 100대 기업 리스트를 선정했다. 여기에서 삼성은 12위라는 비교적 높은 순위에 올라있다는 사실을 알 수 있다.

하지만 여기에 문제가 있다. 『비즈니스위크』의 선정 방식이 그것이다. 과거의 실적을 기초로 한 지명도 경쟁 정도밖에 되지 않는 선정 방식이라는 것이다. 즉 경영자들이 투표로 어떻게 혁신적인 기업을 선정할 수 있느냐 하는 것이다. 그래서 제대로 된 혁신 기업의 순위를 정하기 위해 한 기업의 시장가치가 현재의 사업 능력을 반영하는 자금 흐름보다 얼마나 더 높은지를 조사했다. 그것이 높을수록 혁신 프리미엄이 있다는 뜻이기 때문이다.

좀 더 정확한 혁신 기업 평가 방법을 통해 『비즈니스위크』가 선정한 상위 25개 회사의 혁신 프리미엄 순위를 보면 충격적이다. 상위 25개 회사 중에서 12위를 차지했던 삼성이 BMW, 토요타, 혼다, 소니에 이어서 최하위 25위로 평가되었기 때문이다. 이것이 의미하는 것은 한 마디로 삼성은 최고의 혁신 기업이 아니라는 것이다. 그리고 이 말은 사실이었다.

삼성전자는 그저 패스트 팔로워fast follwer에 불과했지 그 어떤 혁신 제품다운 제품을 만들어 내지 못했다. 인정하기 싫든 좋든 그것이 2000년대까지 삼성전자의 현주소였다. 그저 삼성전자는 누군가가, 어떤 기업이 먼저 만들어 놓은 혁신 제품을 그대로 벤치마킹하고, 누구보다 빨리 뒤쫓아 가는 그런 빠른 추격자, 즉 패스트 팔로워였던 것이다. 삼성전자가 아무리 큰 수익을 내는 기업이 된다 해도 삼성전자는 혁신 기업이 아니라 그저 수익을 잘 창출하는, 돈벌이를 잘 하는 회사라는 사실에 대해 세계 언론들도 이구동성으로 지적하고 있었던 시기가 이 시기였다.

영국 경제지『파이낸셜 타임스』는 삼성전자를 가리켜 '세일즈 머신'이라는 모욕에 가까운 표현을 썼다. 그 이유는 기존 기술을 활용해 수익을 극대화하는 능력은 뛰어나지만, 아이폰과 같은 혁신 제품을 내놓은 기업 애플처럼 산업의 틀과 기존 시장을 근본적으로 바꿀 수 있는 획기적인 제품을 생산할 창조적이고 혁신적인 능력은 없다고 냉혹한 평가를 내렸기 때문이다.

이 신문은 "삼성이 최근 수년간 거둔 성공은 기술 리더십^{technology lead-ership}에 기반을 둔 게 아니라 신속한 대응^{speed and agility} 덕분이었다. 그러나 결국에는 진정한 혁신의 부족이 수익성을 해칠 것"이라고 전망하고 있었던 것이다.

또 2010년 1월 29일 신문에도 삼성전자가 HP를 제치고 세계 최대 정보기술 업체로 도약했다는 것을 보도하면서 혁신이 부족한 삼성에 대해 지적하는 것을 멈추지 않았다.

'다만 애플이 최근 내놓은 태블릿PC '아이패드'처럼 킬러상품을 내놓을 만한 기술과 혁신이 부족한 건 삼성의 약점으로 꼽혔다. 급성장하는 스마트폰 시장에서 삼성의 시장점유율은 노키아(35%)와 애플(17%)에 한참 뒤진 5% 미만에 그친다. 시장조사업체 가트너에 따르면 삼성의 스마트폰인 '옴니아폰'은 세계 시장점유율이 3.2%에 불과하다."

이러한 평가는 하나도 잘못된 것이거나 과장된 것이 아니었다. 삼성전자 그대로의 모습이었다. 투자자들이나 세계인들이 새로운 혁신 제품이나 서비스를 기대하지 않는다는 것이다. 삼성전자에 그 어떤 기대도 하지 않고, 혁신 제품의 출시에 대한 그 어떤 열망도 하지 않는다는 것이다.

애플을 보라. 아이폰을 경험한 세계인들은 애플이 새 제품을 내놓을 때마다, 심지어 새 제품을 내놓지 않을 때에도 새로운 혁신 제품이나 서비스에 대해 무한한 기대를 하고 있다. 그것이 바로 애플이 혁신 기업이라는 부인할 수 없는 증거이다.

즉 어떤 기업이 혁신 기업인지 아닌지를 구별하는 가장 좋은 방법은 그 회사에서 어떤 제품을 출시할 때 얼마나 많은 사람들이 새로운 제품이나 서비스에 대한 기대를 가지느냐로 쉽게 구별할 수 있다.

현대 경영학의 창시자로 추앙받았던 피터 드러커는 자신의 저서인 『미래사회를 이끌어가는 기업가정신Innovation and Entrepreneurship』이란 책에서 혁신에 대해 다음과 같이 정의하고 설명한 적이 있다.

"기업가들은 혁신을 실천한다. 혁신이란 기업가정신을 발휘하기 위한 구체적인 수단이다. 혁신은 기존의 자원이 부를 창출하도록 새로운 능력을 부여하는 활동이다. 정말이지 혁신 그 자체가 새로운 자원을 창출한다. 인간이 어떤 자연 그대로의 것에 대해 새로운 용도를 찾아내고 그것에 경제적 가치를 부여하기 전까지는 '자원'이라고 말할 만한 것은 아예 존재하지 않는다. 그 때까지 모든 식물은 잡초이고, 모든 광석은 단지 하나의 돌덩어리일 뿐이다. 한 세기 전까지만 해도 땅에서 스며 나오는 원유도, 보크사이트도, 알루미늄 원광도 자원이 아니었다. 그것들은 귀찮은 존재로서 둘 다 토양을 망치기만 했다. 페니실린 곰팡이도 한때는 자원이 아니라 병균일 뿐이었다. 세균학자들은 박테리아를 배양하는 과정에서 병균에 감염되지 않도록 온갖 주의를 기울였다. 그 후 1920년대 런던의 의사였던 알렉산더 플레밍은 이 '병균'이야말로 세균학자들이 찾던 바로 그 박테리아를 죽이는 물질임을 확인했다. 그렇게 되자 페니실린 곰팡이는 가치 있는 자원이 되었던 것이다."

- 47쪽, 피터 드러커, 『미래사회를 이끌어가는 기업가정신Innovation and Entrepreneurship』

혁신 기업이라면 최소한 연속선상이 아닌 비연속으로의 진입에 성공해야 한다. 그리고 그것은 비슷한 차원이 아닌 전혀 다른 한 차원 높은 수준으로의 도약을 의미한다. 하지만 삼성전자는 패스트 팔로워로서 1등 기업이 비슷한 수준의 성공이 아닌 기존 업계들의 수준과 차원을 한 단계 이상으로 도약할 만큼 혁신적인 제품을 생산해 내게 되면, 그것이 마치 연속선상의 성장이 아니라 과거와의 완전한 단절과 같아서 새로운 시장과 고객을 창출해내는 창조자가 되는 데 성공하면, 즉 비연속으로의 진입에 성공하면, 그것을 그대로 흉내내고 모방해 내면서 수익을 창출해 내었다. 바로 이런 이유 때문에 삼성전자는 혁신 기업이 아니었다고 감히 말하고자 하는 것이다.

스마트폰의 대명사는 아이폰이 아니었다

2007년 1월, 애플의 스티브 잡스가 아이폰을 세상에 내놓았던 그 시기를 전후하여 이 세상의 스마트폰을 상징하는 스마트폰의 대명사는 따로 있었다는 사실을 아는가?

그 당시 스마트폰의 대명사는 애플의 아이폰이 아니라 다른 것이었다. 그것은 캐나다의 대표 IT 기업인 리서치인모션^{RIM}에서 만든 '블랙베리^{BlackBerry}'였다. 아이폰이 본격적으로 돌풍을 일으키기 전에 스마트폰으로 인기를 끌던 제품이 바로 이 블랙베리였다. 이 당시 블랙베리는 스마트폰을 상징할 정도로 최고의 제품으로 평가받았고, 거의 스마트폰과 동의어 수준이었다. 필자 역시 스마트폰 개발을 위해 직접 사용해 봤지만, 그 당시로는 최고의 제품이었다. 뭔가 모르게 이 폰들은 은근한 매력을 가지고 있었고, 그것은 결국 중독성이 강한 블랙베리란 의미의 '크랙베리^{crackberry}'란 별명이 붙기도 했다.

새로운 첨단 기기를 접하게 되면 사람들은 자신도 모르게 그것에 빠져드는 경향이 있다. 가령 PC가 세상에 처음 나왔을 때 사람들은 PC에 중독된 적이 있고, 인터넷이 세상에 처음 나왔을 때도 그랬다. SNS인 트위터나 페이스북이 세상에 처음 나왔을 때도 유행처럼 그랬다.

블랙베리라는 그 당시로서는 최고의 스마트폰이 세상에 나왔을 때도 한국인들만 잘 몰랐지 세계적으로는 엄청난 열풍을 몰고 왔다. 그래서 '크랙베리'라는 애칭이 만들어지기도 했다. '크랙베리^{crackberry}'란 크랙^{crack}과 블랙베리^{blackberry}의 합성어이다. 크랙^{crack}이란 '갈라지다'의 뜻도 있으나 '코카인(마약의 일종)'이란 뜻도 있다. 우리나라는 그다지 유명하지 않지만 외국의 경우에는 매우 유명하다. 그래서 신조어인 '크랙베리 증후군'이란 말도 나올 지경이었다.

그 당시 블랙베리는 아이폰만큼이나 돌풍을 일으킨 스마트폰이었다. 그래서 많은 이들이 언제 어디서나 이 블랙베리를 가지고 다니면서 e메일과 인터넷을 했고, 그것은 중독 수준이었던 것이다. "할머니의 장례식에서까지도 블랙베리로 계속 e메일을 확인하고, 인터넷을 할 정도로 중독성이 강했다."는 말이 이러한 '크랙베리'의 위상을 다시 한 번 말해 주는 것이다.

블랙베리 스마트폰을 만든 짐 발실리는 그 인기를 등에 없고 캐나다 최고 부자의 자리에까지 근접하기도 했다. 하지만 곧 아이폰의 돌풍과 삼성전자의 갤럭시 시리즈로 인해 지금은 부자 순위 100위권 밖으로 밀려나 있다. 14년 동안 휴대폰 업계에서 독보적인 1위를 차지했던 막강한 거대 공룡 기업 노키아가 애플의 아이폰의 돌풍을 보고서도 빠르게 대응하지 않고, 그저 '반짝 열풍'쯤으로 간주하여 반격의 시기를 놓친 것은 바로 이것 때문이다. 아이폰 이전에도 몇몇 스마트폰들이 돌풍을 일으킨 적이 있었기 때문이다.

애플의 아이폰이 돌풍을 본격적으로 일으키기 시작했던 2008년과

제1부 처음에는 스마트폰의 대명사가 아이폰이 아니었다

2009년에도, 심지어 2010년 초반에도 전문가들은 아이폰이 휴대폰업계의 생태계를 뿌리 채 파괴해 버릴 것이라고는 예측하지 못했다.

세상의 모든 일이 이와 같다. 지나고 나서 보면 누구나 다 눈에 보이지만, 그 당시에는 전문가들도 예측할 수 없는 것이 바로 세상사인 것이다. 특히 스마트폰과 같은 IT 분야는 그 누구도 예측할 수 없다. 지금 중국의 스마트폰 시장에서는 애플의 아이폰이 7위로까지 추락했고, 그렇게 만든 중국의 무서운 신생 스마트폰 업체들은 세계 최고의 스마트폰 시장으로 급부상한 자신의 안방인 중국 시장에서 2위부터 6위까지 몇 개의 순위를 제외하고 대부분을 점령하고 있다. 이렇게 돌풍을 일으키는 기업들이 지금도 여러 곳이 있다. 그렇기 때문에 이 당시에도 마찬가지였던 것이다. 특히 거대 공룡 기업 노키아의 입장에서는 더욱 더 아이폰이 큰 위협으로 느껴지지 않았던 것이 당연했다.

하지만 아이폰은 휴대폰 업계의 생태계를 뿌리부터 시작해서 줄기까지 다 파괴했고, 그 위에 새로운 생태계를 구축했다. 그 과정에서 엄청난 변화와 경쟁과 도전과 성공과 몰락이 수많은 휴대폰업체들을 통해 일어나게 되었던 것이다.

노키아의 실수가 애플에게 절호의 기회가 되었다

14년 동안 휴대폰 업계에서 독보적인 1위를 지켜온 노키아가 명실상부한 인류의 휴대폰 시대를 열었던 위대한 기업이라는 사실에는 변함이 없을 것이다.

유럽 변방의 가난한 나라였던 핀란드! 아름다운 호수와 사우나로 유명한 나라, 국토의 70%가 숲으로 이루어진 작은 나라 핀란드에서 종이를 만드는 제지회사가 미래를 정확히 예측하고 첨단 IT 회사로 전환한후, 일본이나 미국의 기업들도 감히 하지 못했던 글로벌 휴대폰 분야 1위를 14년 동안 하면서 군림해왔다. 무명의 종이 만드는 회사가 휴대폰 업체로 성공적으로 전환했다는 것과 그 분야에서 세계 1위를 차지하고, 그것을 14년 동안 독보적으로 지켜 왔다는 것은 미국이나 일본의 그 어떤 기업도 해내지 못한 놀라운 일이었다.

애플과 스티브 잡스에게 스마트폰 시대를 열 수 있는 기회를 제공해 준 것은 다름 아닌 노키아의 순간의 잘못된 선택이었다는 사실을 아는가?

노키아는 애플의 아이폰이 출시되기 3년 전인 2004년에 이미 터치스크린을 비롯 인터넷 기반의 아이폰과 거의 비슷한 수준의 스마트폰을 내부적으로 개발하고 있었다. 그리고 세계 최강의 기술력과 축적된노하우로 충분히 애플의 아이폰보다 최소한 2년에서 3년 먼저 세계 시장을 장악하여 인류의 스마트폰 시대를 여는 주인공이 될 수 있었다.

하지만 노키아는 너무 오랫동안 휴대폰 업계에서 1등을 했기 때문에 알 수 없는 무사안일주의와 관료주의에 빠져들기 시작했고, 그 시점이 또한 2000년대 중반이었던 것이라고 필자는 생각한다. 만약에 2004년을 전후로 하여 노키아의 경영진들이 미래 변화에 대해 적극적으로 인식하고 인터넷 기반의 터치스크린 스마트폰의 생산에 과감한 투자와 생산 결정을 했더라면 지금 우리가 알고 있는 스마트폰 시대를 연 혁신 기업인 애플에게 그렇게 할 수 있는 기회조차 돌아가지 않았을 것이다.

노키아는 이 당시 인류에게 인터넷 기반의 터치스크린 스마트폰 시대가 오고 있다는 것을 직시하지 못하고 있었다. 노키아는 수십 년 전에는 휴대폰의 시대, 정보기술IT의 시대가 올 것을 확실하게 그리고 정확하게 예측하여 지금의 노키아를 창조할 수 있었다.

하지만 손자의 『손자병법』에 나오는 '전승불복戰勝不復'이라는 말처럼 승리는 절대 반복되지 않는 듯하다. 이번에는 노키아가 정확하게 예측하는 데 실패했던 것이다. 그것도 엄청나게 말이다. 그래서 노키아는 이미 다 만들어 놓았음에도, 기존에 해왔던 대로 지나친 안정을 추구하고 기존의 피처폰과 저가형 모델에 더 집중을 하며, 그것에 투자를 더 많이 했던 것이다.

노키아가 애플에게 스마트폰 시대를 열 수 있는 기회를 준 것은 노키아가 기술이 부족해서가 아니라 혁신 의지가 없고 안정만 추구하는 경영진과 내부적으로 팽배해진 관료주의와 무사안일주의로 인한 오판을 했기 때문이다. 결국 노키아의 어리석은 순간의 선택으로 인해 인류에게 스마트폰 시대를 열어 줄 기회가 애플에게 주어졌다.

노키아는 스스로 자신의 성공과 성과에 희생된 피해자가 되는 자승자박의 처지가 되고 말았던 것이다. 자승자박自繩自縛이란 『한서漢書』 「유협전遊俠傳」에서 유래한 말로 자신의 말이나 행동 때문에 자기 스스로를 옭아 묶음으로써 괴로움을 겪는 일을 비유하는 말이다. 이처럼 노키아는 스스로 중저가 폰에 대한 집중, 안일한 대처, 오랜 분석 기간과 회의 기간, 느린 의사 결정 시스템 등과 같은 줄 때문에 결국 스스로를 묶어 버린 것이다.

이로써 노키아는 충분히 앞서 나갈 수 있었던 시기를 중저가 폰에만 치중하며 1등이라는 성과에 만족하면서 애플이라는 새로운 업체가 인터넷 기반의 터치스크린 폰을 개발할 수 있는 시간을 자신도 모르게 주고 있었던 것이었다.

하지만 노키아가 완전하게 스마트폰 분야를 포기한 것은 아니었다. 2006년과 2007년을 전후하여 중저가 폰에 치중하던 전략을 서서히 스마트폰과 같은 고급폰으로 포트폴리오를 바꾸기 시작했고, 무엇보다 2006년부터는 모바일 콘텐츠 및 웹 기업들을 집중적으로 인수하기 시작했다. 그래서 2008년에는 모바일 콘텐츠의 통합 포털 사이트인 Ovi

를 신설하여 음악과 미디어 등을 공유하고 파일을 다운로드하며, 개인 정보관리와 게임, 지도 등의 서비스를 제공했던 것이다.

문제는 애플보다 한 발 늦게 시작했고, 미흡하게 시작했고, 무엇보다 너무 느리게 진행했다는 것이다. 노키아의 가장 큰 문제 중에 하나로 지적되는 것이 바로 '너무 느린 의사결정'이다. 지금과 같은 스피드 시대에는 무엇을 해도 다른 기업보다 빨리 의사 결정을 하고 빨리 시작하는 것이 중요하다. 하지만 노키아는 회의하는 데만 6개월 혹은 9개월을 사용한다.

아이폰이 출시된 후에도 이와 같은 느린 대응의 문제점은 사실로 드러났다. 노키아는 1등이라는 자만심과 여유를 가지고 느긋하게 대응했다고 해도 과언이 아닐 정도로 빨리 대응하지 않았던 것이 사실이다. 아이폰이 출시된 후에 아이폰 돌풍이 일어나고 있는 데도 노키아의 경험 많고 노련한 연구원들은 아이폰에 대한 경쟁사 분석 보고서를 만들어 '아이폰이 시장에서 살아남을 수 없는 이유'에 대해서만 치밀하게 분석하면서 아까운 시간을 낭비했고, 그러한 잘못된 분석에 너무 큰 확신을 했던 경영진들과 연구원들의 자만은 결국 14년 동안 철옹성처럼 지켜온 1등자리를 경쟁상대로도 지목하지 않았던 삼성전자에게 내놓는 모욕을 겪게 만들었던 것이다.

노키아의 IT 전문가들과 연구원들과 경영진들은 이구동성으로 아이폰이 절대로 큰 위협 요인이 될 수 없을 것이라고 확신했고, 스스로를 너무 믿고 무사안일주의로 일관했던 것이다.

결국 아이폰에 밀려서 빛도 보지 못한 채 소리 소문 없이 거대 공룡 노키아는 주저앉고 있다. 14년 동안 굳게 지켜온 1위 자리를 삼성전자에 내놓았다는 것만 해도 노키아로서는 굴욕이 아닐 수 없기 때문이다.

필자는 노키아의 방만한 회의 문화와 무사안일주의와 관료주의와 느린 의사결정이 삼성전자와 너무나 다르다는 사실을 잘 알고 있다.

과거 로마가 망한 이유도 외부의 적들 때문이 아니라 내부의 부패와 자만으로 인한 것이라는 사실을 생각해 보면, 역사는 항상 되풀이된다는 말이 허투루 하는 말이 아님을 알 수 있게 된다. 노키아의 순간의 잘못된 선택이 결국 애플에게는 스마트폰 시대를 이끄는 리더가 될 수 있는 절호의 기회를 제공해 주는 셈이 되어 버린 것이다.

동일한 상황에서 삼성이 몰락하지 않은 이유

지금까지의 삼성전자의 성공을 보면 의아한 구석이 없지는 않다. 즉 혁신 기업이 아니었음에도 1등보다 더 나은 2등이 될 수 있다는 사실을 증명한 기업이 또한 삼성전자가 아닐까 하고 생각한다. 필자는 세상에는 확고한 정답도, 진리도 없다는 사실을 삼성전자를 통해 배웠다. 그것은 무조건 1등이라고 좋은 것은 아니며, 2등이라고 무조건 손해만 보는 것도 아니라는 것이다. 시대가 바뀌고 상황이 바뀌면 1등보다 더 나은 2등도 존재할 수 있는 것이 이 세상이라는 것을 깨닫게 되었다. 더 명백한 사실은 능력이 있고, 혁신적이고 창조적인 사람이나 기업이 반드시 1등을 한다거나, 좋은 성과를 낸다거나, 성공을 하는 것은 절대로 아니라는 사실이다.

이런 점에서 변화무쌍하고도 예측 불가한 이 시대에 생존의 비결은 한두 가지라고 할 수 없다. 하지만 삼성전자는 다양한 특성을 놀랍게도 다 가지고 있는 기업이었다. 그리고 그것이 바로 삼성전자로 하여금 한순간에 몰락하지 않고 다시 도약할 수 있게 해준 요인이었다. 다시 말해 삼성전자는 살아남고, 삼성전자보다 더 강하고 거대한 1등 기업인 노키아는 순간에 몰락한 단 한 가지 이유는 '아일랜드 감자 사건'과 일맥상통하다고 필자는 분석한다.

19세기 중반 아일랜드에서는 감자 기근이 발생했다. 그리고 그 감자 기근은 수백만 명의 죽음을 유발했다. 그리고 살아남은 수십만 명은 기아를 피해 북미로 이주하게끔 만들었다. 어떻게 이런 일이 일어났는가?

그것은 아일랜드 농부들이 가장 생산성이 높은 감자의 단일 품종만을 경작했기 때문이다. 가장 높은 생산량을 보이는 오직 한 종류의 감자만 심을 때 농부들은 가장 큰 수확을 얻을 수 있다. 하지만 여기에는 치명적인 문제가 숨겨져 있다. 그것을 아일랜드 농부들을 비롯한 아일랜드 사람들은 예측하지 못했다. 한 종류의 감자만 심을 경우, 이 품종에 가장 취약한 어떤 병이 발생했을 때 순식간에 감자는 썩어버리게 된다는 것이다.

실제로 어떤 감자는 하나의 마름병에 취약해서 전체 경작을 망칠 수 있다. 그런데 그러한 일이 아일랜드에서 발생했다. 초식성 기생 곰팡이가 감자를 전멸시켰고, 아일랜드 농부들은 그것을 멈출 방도가 없었다. 그 병해는 들판에 있는 감자와 저장된 것들을 모두 썩게 만들었다. 다른 먹을거리가 없었기 때문에 사람들은 기아로 죽었다. 한두 명이 죽은 것이 아니라 수백만 명이 죽을 만큼 대기근이 발생하게 되었던 것이다.

이렇게 어처구니없는 일이 21세기인 지금 스마트폰 세계에서 그대로 답습되었던 것이다. 노키아는 가장 생산성이 좋은 단일 제품에만 치중했던 것이다. 이에 반해 삼성전자는 다양한 분야에 여러 제품들을 도전 정신을 갖고 꾸준히 만들어 왔던 것이다. 삼성전자의 가장 큰 강점은 너무나 다양한 제품과 분야를 개척하기 때문에 내일 당장 새로운 분야가 순식간에 급부상하더라도 쉽게 그 분야를 추격해 갈 수 있다는 것이다. 지금도 삼성전자는 여러 분야에 도전하고 실험하고 있다. 최근에 삼성전자가 발표한 미래 신수종사업을 보면 필자의 이 말이 사실이라는 것을 알게 될 것이다.

삼성전자에 반해 노키아는 휴대폰을 제외하면 세계 1위 제품이 전무하다. 삼성전자는 휴대폰, 스마트폰을 제외하더라도 세계 1위 제품이 수십 개가 넘는다.

최대의 위기, 최대의 적 아이폰을 만나다

삼성전자를 보면 의아한 점이 또 하나 있다. 그것은 '어떻게 2등 기업이면서도 1등 못지않은 성과를 창출하며 승승장구할 수 있었던 것일까'하는 것이다. 즉 '혁신 기업이 아닌데도 삼성전자가 수익을 창출하며 성공가도를 달릴 수 있었던 것은 과연 무엇 때문이었을까?'하는 부분이다.

그것은 어느 정도 업계 판도가 고정적이었기에 예측 가능한 판매 전략과 제품 생산, 즉 추격이 가능했기 때문이라고 말할 수 있다. 즉 1등만을 열심히, 그리고 누구보다 빨리, 잘 쫓아가면서 막강한 글로벌 마케팅을 통해 충분히 수익을 창출할 수 있었고, 일정 기간 동안 어느 정도 글로벌 휴대폰 시장이라는 큰 파이를 나누어 먹을 수 있는 질서가 잘 형성되었던 것이다.

이러한 환경에서 영국 경제지 『파이낸셜 타임스』가 말한 것처럼 삼성전자는 새로운 혁신 기술이 아니라 기존의 기술을 잘 활용해 수익을 극대화하는 능력이 뛰어났기 때문이다. 그래서 삼성전자가 거둔 수익은 모두 혁신적인 기술과 제품에 기반을 둔 게 아니라 신속한 대응speed and agility 덕분이었다고 할 수 있다.

이때까지 글로벌 휴대폰 업계에서 독보적인 1위 업체는 노키아였다. 삼성전자는 노키아만 잘 뒤쫓아 가면, 그것도 신속하고 빠르게 추격하기만 하면, 큰 문제없이 수익을 창출하고 생존할 수 있게 되었던

34

것이다. 그런데 갑자기 삼성전자의 휴대폰 사업은 최대의 위기를 맞게 되었다. 바로 이러한 업계 판도를 흔들어 놓는 파괴자가 나타나 버린 것이다.

그 파괴자가 바로 애플의 스티브 잡스였던 것이다. 스티브 잡스는 아이폰을 출시하여 서서히 스마트폰 시장을 잠식해 들어갔을 뿐만 아니라 기존의 휴대폰 업계의 모든 질서와 판매 방식을 완벽하게 파괴해 버렸던 것이다. 거대 공룡이었던 노키아마저 뒤늦게나마 판매 방식과 생산 전략을 모두 바꾸어야 할 정도로 아이폰의 위력은 상상을 초월했다. 일본의 IT 전문가들은 이구동성으로 '아이폰 쇼크'라고 말하면서 떠들어 댔다.

패스트 팔로워가 승승장구하기 위해서는 무엇보다 1등이 견고해야 하고, 업계 판도가 흔들림이 없어야 한다. 그런데 1등이 갑자기 휘청거리게 되었고, 업계 판도가 심하게 흔들리게 되었던 것이다. 이렇게 될 때 가장 큰 혼란을 겪어야 하고, 가장 큰 리스크를 떠안게 되는 업체는 그 어떤 혁신 제품도 만들지 못하는 2, 3위 업체들이라고 할 수 있다.

삼성전자에게 최대의 위기는 바로 해군이 아닌 해적과 같은 스티브 잡스를 만났다는 것이었다. 아이폰이 출시되었다는 사실은 기존의 질서가 파괴되고 새로운 질서, 새로운 세계가 시작되었다는 것을 의미했다. 아이폰은 지금까지의 질서정연한 휴대폰 업계를 한순간에 흔들어 놓았기 때문이다. 무질서한 상황에서 가장 큰 손해를 보는 것은 그 어

떤 혁신 제품도 없이 그저 기존의 제품만을 잘 만들어오던 바로 삼성전
자와 같은 기업들이라고 할 수 있다.

휴대폰 업계의 판도가 흔들렸다는 것이 의미하는 것은 무엇일까?
그것은 삼성전자가 당면한 가장 큰 문제이기도 했다. 그것이 의미하는
것은 뒤쫓아 가야 할 1등 업체의 제품이 갑자기 가시권에서 사라져 버
렸다는 것이다. 즉 무엇을 뒤쫓아 가면 생존할 수 있는지에 대해 안개
속에서 걷는 것처럼 불투명해졌다는 것이다. 그렇다고 해서 해적과 같
은 아이폰을 따라갈 수는 없었다. 거대한 혁신 제품이었기 때문이다.
너무 많은 차별화와 아주 큰 특징을 가진 독특한 제품이었기 때문에 그
대로 모방할 수도 없고, 해서도 안 되는 제품이었다.

삼성전자는 이제 죽느냐 사느냐의 기로에 선 것이다.

스티브 잡스는 어떻게 아이폰을 만들 수 있었을까?

휴대폰 업체도 아니었던 애플에서, 휴대폰을 한 번도 만들어본 적이
없었던 스티브 잡스는 어떻게 해서 아이폰이라는 혁신적인 스마트폰
을 만들어 낼 수 있었던 것일까?

애플의 아이폰은 하늘에서 뚝 떨어진 그런 제품이 절대 아니다. 스
티브 잡스가 아이폰이라는 혁신 제품을 만들어 낼 수 있었던 것은 그가

이전에 만들어서 실패를 했던 제품들이 뿌리가 되어 주었기 때문이라고 할 수 있다. 애플이 휴대폰 사업에 처음 뛰어들어 내놓은 제품은 놀랍게도 아이폰이 최초가 아니었고, 최초의 제품은 사실상 실패작이었다. 애플이 모토로라와 제휴해 2005년 '락커ROKR'라는 이름으로 출시한 제품은 전화기로서는 괜찮은 제품이었지만 세상을 놀라게 하지도 못했고, 열풍을 일으키지도 못했다.

또한 스티브 잡스는 2008년 모바일 서비스를 시작했지만 이것도 실패한다. '모바일미MobileMe'라 불리는 이 서비스는 기존의 맥 서비스의 이름을 바꿔 시작한 가입형 온라인 서비스로 원격으로 이메일, 일정, 사진, 파일 등을 액세스하고 관리할 수 있다. 하지만 여러 가지 버그 문제가 나오면서 실패작으로 평가받았다.

그리고 아이폰의 디자인 혁명을 가능하게 해준 것은 스티브 잡스가 디자인의 차별화에 아이맥과 아이팟을 통해 성공한 경험들의 축적 때문이라고 볼 수 있다.

이러한 여러 가지의 실패와 성공 경험 등이 모두 통합되고, 그 실패와 성공들을 하나에 총 결집시킨 것이 바로 아이폰의 탄생으로 이어지게 되었다고 볼 수 있는 것이다. 스티브 잡스가 실패작에 불과했지만 '락커'를 만들어 본 적이 없었다면 아이폰과 같은 히트작을 단번에 만들어 내지 못했을 것이다. 그리고 '모바일미'와 같은 온라인 서비스를 만들어서 운영을 해보았기 때문에 앱스토어App Store라는 혁신 서비스를 만들어 낼 수 있었던 것이라고 말할 수 있는 것이다.

그가 1970년대에 애플I와 애플II를 만들어 보지 않았다면, 컴퓨터와 완벽하게 인터페이스 되고 연결되는 아이폰이 탄생할 수 없었을 것이다. 또한 1998년에 아이맥을 만들고, 2001년에 아이팟을 만들지 않았다면 아이폰도 탄생할 수 없었을 것이다. 그가 2003년 아이튠 스토어itunes store라는 세계 최대의 음악 시장을 개척해 본 경험이 없었다면 아이폰 돌풍의 주역이 된 앱스토어를 개발해 내지 못했을 것이다. 결국 오랫동안의 도전과 실패의 경험이 하나로 총 결집된 제품이 휴대폰의 역사에 남을 혁신적인 아이폰이었다고 말할 수 있다.

스티브 잡스가 아무리 천재라 해도 오랜 시간 동안의 수많은 도전을 통해 때로는 성공하고, 때로는 실패하면서 축적된 폭넓은 역량과 경험과 노하우가 없었다면 아이폰은 절대 만들 수 없었을 것이다. 이것은 많은 것을 배우고 깨닫게 해주는 사실이다.

휴대폰의 역사에 남을 혁신적인 제품

삼성전자는 이제 독 안에 든 쥐 신세가 되었다. 아무리 기술력이 좋고, 성능이 좋은 제품을 만들어봤자 아이폰과는 경쟁 자체가 되지 않는다는 사실을 알고 있었기 때문이다. 전 세계인들이 밤을 새워 기다리면서 아이폰을 구입하고, 그것에 열광하는 것을 보고 기가 눌렸을 것이다.

인정할 것은 인정해야 한다. 애플의 스티브 잡스는 인류가 낳은 위대한 혁신가라는 사실은 변함없고, 그가 만든 아이폰 역시 그 어떤 스마트폰보다도 훨씬 앞선 스마트폰이라는 것을 인정하지 않을 수 없다. 특히 기술적인 측면을 넘어서 스마트폰을 제대로 스마트하게 만들었다는 사실과 앱스토어라는 소프트웨어의 활용성을 극대화시킨 점은 인류 역사에 길이 남는 업적이었던 것이다.

적게는 5년에서 많게는 10년이나 앞선 혁신적인 스마트폰이 인류 앞에 시간을 앞당겨서 나타난 것이다. 여기에 누가 열광하지 않을 수 있을까?

삼성전자를 비롯한 대부분의 기존 휴대폰 업체들은 애플이 아이폰이라는 시대를 앞선 스마트폰을 내놓기 전부터 다양한 스마트폰을 만들었고, 출시하고 있었다. 하지만 사람들은 스마트하지 않은 스마트폰에 마음이 끌리지 않았던 것이다. 그런 와중에 애플은 기존의 스마트폰보다 몇 년이나 앞선 진정한 스마트폰을 인류에게 선물로 내놓았던 것이다. 아이폰을 손에 쥐어보고, 사용해 본 사람들은 마치 5년이나 10년 정도 시대를 앞서 간 것과 같은 환상에 빠져들 수밖에 없었다. 아이폰이 인류에게 새로운 스마트폰 세상을 열어주었다는 평가를 받는 것도 당연한 일이었던 것이다.

삼성전자는 이제 살기 위해 위대한 선택을 해야 했다. 하지만 그것

제1부 처음에는 스마트폰의 대명사가 아이폰이 아니었다

은 선택이라기보다는 살기 위해서 마지막 선택을 한 것과 다름없는 결단이었다. 그것은 바로 '아이폰의 대항마'를 빨리 만들어 내는 것이다.

그런데 과연 아이폰은 어떻게 해서 탄생하게 된 것일까? 어떻게 해서 모바일 생태계를 주름잡는 스마트폰의 대명사가 휴대폰 업체도 아닌 애플에서 탄생하게 되었던 것일까?

아이폰 탄생의 주역인 스티브 잡스가 『포춘Fortune』과의 인터뷰에서 밝힌 말을 통해 아이폰 탄생의 비밀을 짐작해 볼 수 있을 것 같다.

"종전에 쓰던 휴대폰은 사용하기에 불편했다. 소프트웨어는 끔찍했고 하드웨어는 별 볼 일 없었다. 친구들에게 물어봤더니 다들 비슷한 생각을 가지고 있었다. 이것은 엄청난 기회였다. 그렇다면 모두가 사랑할 수밖에 없는 이상적인 휴대폰을 만들어 보자. 우린 아이팟을 통해 쌓은 기술력과 매킨토시용 운영체제를 보유하고 있지 않은가. 하지만 휴대폰 안에 정교한 운영체제를 넣을 수 있을지가 문제로 떠올랐다. 회사 내에서도 가능하다와 불가능하다의 의견이 분분했고, 결국 내가 결단을 내렸다. 우리 한번 해보자. 그리고 결국 해냈다."

스티브 잡스는 자신의 말대로 도전했다. 그리고 결국 해냈다. 그가 아이폰의 필요성을 자각한 것은 그 당시 휴대폰과 업무용 PDA인 블랙베리와 MP3 플레이어인 아이팟을 많은 미국의 비즈니스맨들이 따로 따로 들고 다니는 것에 대해 너무 큰 불편함을 호소했기 때문이다. 여기서 좀 더 나아가 휴대폰과 업무용 PDA를 대체할 수 있는 하나의 스마트폰이 나오게 되면 결국 MP3 플레이어인 자신의 아이팟도 불필요하게 될 것이라는 위기감을 느끼기 시작했기 때문이다.

공격이 최선의 방어라고 생각한 스티브 잡스는 휴대폰 산업에 뛰어들어 먼저 공격하는 길을 선택했던 것이다. 잠시 모토로라와 합작했지만 그곳의 기존 방식이 눈에 차지 않은 그는 결국 결별하게 되고, 독자적으로 스마트폰을 만들었다.

애플이 스마트폰을 만드는 데 있어서 가장 큰 문제는 운영체제였다. 매킨토시용 운영체제는 너무 용량이 방대해 작은 휴대폰 안에 넣을 수가 없었다. 그렇다고 다른 운영체제를 빌려 쓰는 것은 내키지 않았다. 그래서 결국 애플은 모바일 운영체제를 새로 만들었다. 이것이 'iPhone OS', 즉 iOS이었다. 위기는 곧 기회였다. 운영체제가 없었기에 그는 훨씬 더 뛰어난 운영체제를 만들게 되었고, 편리한 휴대폰이 없었기에 편리한 휴대폰을 만들게 되었고, 아이팟의 위기를 미리 알고 선제공격을 했던 것이다.

결국 2007년 6월, 아이폰이 세상에 모습을 드러냈다. 이 폰은 터치스크린 방식으로 휴대폰, 카메라, GPS, 무선인터넷 기능을 합친 스마트폰이다. 하지만 그 전에 있던 다른 스마트폰에 있는 복잡한 기능들과 함께 검색 휠, 터치펜, 40개나 되는 키보드, 다이얼 등과 같은 것들을 과감하게 없애 버림으로써 새로운 차원의 스마트폰이 탄생하게 되었던 것이다. 또한 모바일 운영체제 iOS가 탑재되어 누구나 쉽게 조작할 수 있으며, 애플의 애플리케이션 장터인 앱스토어에서 수십만 개의 애플리케이션을 내려 받을 수 있도록 만들었다.

스티브 잡스는 아이폰을 발표하는 프레젠테이션 자리에서 아이폰에 대해 이렇게 설명했다.

"스마트폰을 일컬어 가장 진화된 휴대폰이라고 합니다. 일반적으로 스마트폰이라고 하면 휴대폰, 이메일, 인터넷, 검색 기능을 한데 묶어 놓은 제품을 의미합니다. 그런데 스마트폰은 사실 그다지 스마트하지 않다는 문제가 있습니다. 실제로 스마트폰은 사용하기가 대단히 어렵습니다. 휴대폰 역시 몹시 불편하고 복잡합니다. 기존의 제품보다 좀 더 스마트한 제품이 속속 나오고 있긴 하지만 사용자들은 여전히 불편함을 호소합니다. 아주 간단한 기능을 하나 익히는 데도 꽤 시간이 걸리죠. 따라서 우리가 추구하는 것은 정말로 스마트한, 다시 말해 사용하기 쉽고 획기적인 제품을 만드는 것이었습니다. 그 결과가 바로 아이폰입니다."

2007년에 이어 2008년에는 아이폰3G를, 2009년에는 아이폰3Gs를 내놓기 시작했다. 한국에는 2009년 11월 아이폰3Gs를 처음으로 판매하기 시작했다.

아이폰이 처음 나왔을 때는 전 세계 스마트폰 시장에서 점유율이 5퍼센트 정도에 불과할 만큼 기대했던 수준의 성과를 내지 못했다. 그 원인 중에 하나는 초기 판매 가격이 무려 599달러라는 고가였기 때문이다.

하지만 애플은 2009년에 더욱 더 빠르고 세련된 강력한 스마트폰 아이폰3Gs를 출시하였고, 이때부터 휴대폰 업계가 흔들리기 시작했다. 아이폰은 역대 스마트폰 중 가장 빠른 속도로 팔려나가며 '아이폰 열풍'을 일으키기 시작했던 것이다.

여기에 고무된 애플은 출시 국가를 점차 늘려가며 전 세계인들을 열광시키기 시작했고, 그 가운데 하나가 삼성전자가 있는 바로 이곳 한국이었다. 한국에서 2009년 11월 아이폰이 출시되고 선풍적인 인기를 얻게 되자, 비로소 삼성전자가 위기감을 느끼기 시작했던 것이다. 이때를 기점으로 삼성전자는 더 이상 승승장구하던 세계 2위 휴대폰 업체 그 이상도 그 이하도 아닌 것이 되었던 것이다. 휴대폰 업계의 1위이든 2위이든 그것이 중요한 것이 아니라, 고객들로 하여금 열광하게 만드는 휴대폰이 있다는 사실이 중요한 문제였던 것이다. 세계 역사에 남을 혁신적인 제품이 탄생하였고 전 세계를 열광의 도가니로 몰아가게 되었던 것이다.

최단시간에 만들어진 기념비적인 제품

한국에서 아이폰이 출시되고 가장 큰 위기를 느낀 것은 삼성전자였고, 삼성전자는 새로운 뭔가가 절실하게, 그리고 다급하게 필요하게 되었던 것이다. 기존의 상품기획대로 제품을 개발해서는 도저히 아이폰 쇼크에서 벗어날 수 없다는 것을 뼈저리게 느끼게 되었던 것이다.

결국 삼성전자는 새로운 그 무엇인가를 만들어야만 하는 궁지에 몰리기 시작했던 것이다. 그 결과 삼성전자는 국내에 아이폰이 출시되고 나서 5개월 만인 2010년 4월 27일 국내 첫 안드로이드 스마트폰인 갤럭시A를 출시하게 된다. '갤럭시A'란 이름은 삼성전자의 글로벌 안드로이드 탑재폰 네임인 갤럭시에 삼성전자 국내 첫 안드로이드^{Android} 탑재폰, 삼성 애니콜^{Anycall} 등을 상징하는 'A'를 붙인 것이다. 이 제품은 아몰레드^{AMOLED} 3.7인치, 720MHz 프로세서와 500만 화소 카메라, 내장 메모리(사용자 공간 600MB), 외장메모리 슬롯 지원(8GB 마이크로SD 기본 제공), 1500mAh 대용량 배터리, 블루투스 2.1, 3.5mm 이어잭 등을 탑재했다.

문제는 갤럭시A가 아이폰의 질주를 막기에는 턱없이 부족한 스마트폰이라는 것이다. 그리고 사실 삼성전자 최초의 안드로이드 폰은 갤럭시i7500이다. 구글 안드로이드 1.5를 운영 체제로 탑재하였으며, 삼성이 제조하는 휴대폰으로는 처음으로 안드로이드를 운영 체제로 탑재한 것으로 알려져 있다. 2010년 4월 27일에 출시되었다. 하지만 국내 출시가 아니라는 점과 갤럭시 시리즈와 거의 무관하다고 할 정도로 형편없는 스펙의 폰이었던 것이다. 삼성전자가 아이폰의 대항마로 만들게 된 것은 결국 갤럭시S였던 것이다.

결국 삼성전자는 아이폰의 진정한 대항마가 필요했고, 그것을 만들어냈던 것이다. 갤럭시S는 갤럭시A가 출시되고 나서 2개월 만인 2010년 6월 24일에 출시되었다.

드디어 삼성전자의 스마트폰으로 아이폰을 뛰어넘을 수 있는 걸작이 탄생하게 되었던 것이다. 삼성전자가 갤럭시S 출시를 미리 발표하자, 전 세계의 이목이 집중되었다. 그 이유는 단 한 가지였다. 아이폰의 독주를 막아낼 휴대폰을 거대 공룡 노키아도, 그리고 그 어떤 휴대폰 업체에서도 감히 만들어내지 못하고 있는 실정이었기 때문이다. 그래서 전 세계인들의 관심이 고조될 수밖에 없었던 것이다.

"과연 아이폰의 독주를 막아낼 수 있을까?"

이러한 관심이 고조되는 가운데 삼성전자는 갤럭시S의 예약판매를 시작했다. 그리고 그 결과는 놀라웠다. 갤럭시S의 예약판매가 세계적으로 100만 대를 넘어섰기 때문이다. 아이폰 이후로, 그리고 아이폰이 여전히 독주를 계속하고 있는 상황에서 스마트폰으로 이러한 반응은 전무후무한 것이기 때문이었다.

제1부 처음에는 스마트폰의 대명사가 아이폰이 아니었다

| 갤럭시A와 갤럭시S의 디자인 비교 |

망하느냐 흥하느냐의 기로에 서서

삼성전자는 결국 갤럭시S에 모든 것을 걸었다. 이제는 2등이란 것이
생존조차 할 수 없는 그런 판국이 되었기 때문이다.

삼성전자는 갤럭시S를 출시하면서 '갤럭시S는 삼성 휴대폰의 20년
역량이 결집된 스마트폰의 걸작'이라고 단언했다. 아이폰을 견제할 만
한 그 어떠한 스마트폰도 없는 상태에서 갤럭시S의 출시는 삼성전자
휴대폰의 미래가 걸린 일이며, 망하느냐 흥하느냐의 기로에 서인 중차

대한 시점이었던 것이다.

삼성전자는 갤럭시S를 세계 100여 국에 출시하면서 승부수를 띄웠다. 안드로이드를 개발한 구글의 앤디 루빈 부사장은 갤럭시S 발표회에서 "최고 중의 최고"라며 기대감을 보였으며, 신종균 삼성전자 사장도 "갤럭시S는 최고의 걸작"이라고 강조했다.

이제 주사위는 던져졌다. 막다른 골목에 다다른 쥐새끼처럼 삼성전자는 뭔가를 새롭게 만들어내지 않으면 안 되었던 것이다. 삼성전자 휴대폰의 수장인 신종균 사장이 자주 하는 말이 있다. 그것은 바로 '궁즉변 변즉통 통즉구窮則變 變則通 通則久'라는 말이다. 뜻을 풀이하자면, '궁하면 변하라, 변하면 통하고, 통하면 오래 간다'는 말이다. 책 중의 책으로 손꼽는『주역周易』「계사전」에 나오는 문구로 변혁의 시대에 살고 있는 우리들에게 더욱 더 황금률 같은 값진 말이 아닐 수 없다.

『주역周易』은 대자연과 우주 그리고 사람의 근본과 이치는 물론이고 현재와 미래에 걸친 흐름과 결과를 알 수 있는 내용으로, 공자가 학문의 정진과 통찰을 얻기 위해 열심히 읽었다는 책이다. 위편삼절韋編三絶이란 고사성어가 바로 여기서 유래된 말이다. '위편韋編'은 가죽으로 맨 책 끈을 말한다. 위편 즉, 가죽으로 맨 책 끈이 세 번이나 닳아 끊어진 것을 의미하는 말이 '위편삼절韋編三絶'이다.『사기史記』「공자세가孔子世家」에 나오는 말로 공자가 만년晩年에『주역周易』을 좋아해서 어찌나 여러 번 읽고 또 읽었는지 그만 대쪽(대를 쪼개서 기록하여 엮은 책. 당시에는 대쪽에 기록했다)을 엮은 가죽 끈이 세 번이나 끊어졌다고 한 데서 나온 말이다.

삼성전자의 그 당시 상황은 한 마디로 '궁'했다. 그래서 삼성전자는 변화를 선택했다. 지금까지 해오던 모든 제품을 포기하고, 새로운 그 무엇인가를 만들어내기 위해 총력을 기울였던 것이다. 결국 이 말대로 '궁하고 막히고 위기를 만났을 때' 삼성전자는 변했던 것이다. 그러한 변화는 생존하기 위해, 살아남기 위해 자신의 모든 것을 걸고 혼신을 다하는 도전이었던 것이다.

하지만 그것은 정말로 절체절명의 또 다른 위기를 몰고 올 수도 있는 것이었다. 삼성전자의 휴대폰 사업 전체의 역량이 총 결집된 스마트폰을 개발한다는 것은 그것에 모든 삼성전자의 휴대폰 사업의 명운을 걸겠다는 것과 다를 바 없다.

많은 기업들이 자신들의 역량을 모아 대항마를 만들었음에도 제대로 대항하지 못하고 시장에서 사라지게 되면 결국 그것을 만든 기업은 굉장한 고통을 받아야 하는 것이다. 이것으로 인해 몰락할 수도 있다고 해도 과언이 아니다. 삼성전자는 바로 그러한 기로에 서 있었던 셈이다. 가만히 있자니 몰락할 것은 불을 보듯 뻔하고, 대항하자니 너무 리스크가 크다는 장벽이 놓여 있는 것이다. 하지만 삼성전자는 대항하고 공격하는 것을 선택했다. 결국 갤럭시S는 그렇게 해서 탄생하게 되었던 것이라고 말할 수 있다.

좋은 경쟁자로 인해 탄생한 혁신 제품

인류에게 스마트폰의 시대를 활짝 열어 준 것은 혁신 제품인 애플의 아이폰이라는 사실을 부인할 수 없다. 왜냐하면 아이폰이 출시되기 전에도 이미 여러 휴대폰 기업에서 스마트폰이 출시되어 일반인들이 사용하고 있었음에도 전 세계인들이 스마트폰을 외면하는 수준이었기 때문이다.

노키아의 심비안Symbian 운영체제나 마이크로소프트의 윈도우 모바일Windows Mobile 운영체제를 탑재한 스마트폰 혹은 RIMResearch In Motion의 블랙베리BlackBerry와 같은 스마트폰이 이미 출시되었지만 일부 마니아들이나 얼리어답터Early adopter들만이 사용하는 정도로 그쳤다. 그렇다고 해서 전혀 인기가 없었던 것은 아니다. 앞에서도 말했듯이 블랙베리는 대단한 인기를 끌었다. 하지만 아이폰의 인기처럼 전 세계적으로 스마트폰의 시대를 열 정도는 아니었다.

다시 말해, 아이폰 이전의 스마트폰들은 스티브 잡스의 표현을 빌려서 말하자면 전혀 스마트하지 않다는 것이 문제였다. 그의 표현대로라면 너무 사용하기 복잡하고 어려웠고 불편했다는 것이다. 하지만 이것은 어디까지나 스티브 잡스의 설명이다.

아이폰이 국내에 출시되기 전에 삼성전자의 스마트폰은 위기를 느끼지 못했다. 느낄 경쟁자가 없었기 때문이다. 기존의 휴대폰, 즉 피처폰으로 수익을 창출할 수 있었기 때문에 스마트폰 판매량이 100만 대 수준밖에 되지 않아도 휴대폰 업계에서 2위를 유지하는 데 큰 문제가 될 것이 없었다.

시장조사기관 스트래티지 애널리틱스[SA]가 2009년 1분기 집계할 당시 삼성전자 스마트폰 판매량은 130만 대 수준에 불과했다. 하지만 애플이 아이폰을 국내에 출시하기 시작한 2009년 11월부터 삼성전자는 말 그대로 위기감을 느꼈고, 이대로 가다가는 정말 안된다는 사실을 뼈저리게 느끼기 시작했다. 무엇보다 피처폰 위주의 휴대폰 생태계가 완전히 파괴되고, 스마트폰 위주로 급격하게 변하고 있었기 때문이다. 무엇보다 그 장본인이 바로 아이폰이었기 때문이었다. 때를 같이하여 2010년 3월 경영 일선에 다시 복귀한 이건희 회장은 "10년 이내 삼성의 대표 제품이 다 사라질 수 있다."며 위기론을 강조했다. 내외적으로 삼성전자의 휴대폰 사업은 설상가상의 위기 상황을 만나게 되었고, 그로부터 3개월 후 삼성전자의 스마트폰 시대를 열었다고 할 수 있는 갤럭시S가 탄생하게 되었던 것이다.

갤럭시S 탄생의 일등 공신은 이건희도, 삼성전자의 개발자들도, 고객들도 아니었다. 일등 공신은 다름 아닌 애플의 아이폰이었다. 아이폰과 같은 혁신 제품을 처음으로 접한 삼성전자의 관계자들과 개발자들은 엄청난 충격을 받았다. 한 번도 스마트폰을 만들어본 적이 없고 컴퓨터와 MP3 플레이어만을 만들어왔던, 겨우 한 번 정도의 휴대폰을 만들어 본 경험밖에 없는 애플이라는 회사에서 처음으로 만든 스마트폰이, 자신의 스마트폰과는 게임조차 되지 않을 정도로 한 차원 높은 스마트폰이었기 때문이다.

삼성전자의 개발자들과 관계자들은 모두 엄청난 충격과 부끄러움과 아픔을 느꼈다. 그리고 자신들의 문제점과 한계를 뼈저리게 느끼면서 그 때부터 퇴근을 하지 않았고, 삼성전자 연구소의 불은 꺼지지 않았던 것이다.

결국 삼성전자의 모든 개발자들은 '와신상담臥薪嘗膽'하게 되었던 것이다. 중국 춘추전국시대 오나라와 월나라 간의 싸움에서 전해지는 이 고사처럼, 삼성전자의 직원들은 가시가 많은 나무에 누워 자고 쓰디쓴 곰쓸개를 핥고 씹으면서 애플의 아이폰으로 인해 맛본 굴욕을 되새기며 절치부심했던 것이다. 평생 한 번도 만나기 힘들 정도로 멋진 경쟁자를 만난다는 것은 어떻게 보면 최고의 행운일지도 모른다. 삼성전자에게 애플의 아이폰과 스티브 잡스는 바로 그런 존재였던 것이다.

월스트리트 저널이 선정한 '올해 최고의 전자기기'

애플의 아이폰뿐만 아니라 좋은 스마트폰들은 적지 않았다. 애플을 제외한 다른 업체들은 수십 년 이상 기술력을 축적해 온 휴대폰 전문 업체들이었다.

안드로이드 운영체제를 탑재한 최초의 스마트폰을 만든 것은 HTC 이다. HTC는 2008년 10월, 미국에 'G1' 즉, '드림Dream'이라는 제품명으로 불리기도 한 스마트폰을 출시했다. 이 스마트폰은 3.2인치의 크기와 320×480 해상도를 갖춘 터치스크린 LCD를 탑재했고, 528MHz의 프로세서와 쿼티QWERTY 방식의 슬라이드 키보드를 가진 것이 특징이었다.

그리고 그 후에도 여러 스마트폰이 여러 업체에서 출시되었다. 그 중에서도 베스트 중에 베스트라고 할 수 있는 제품이 모토로라에서 나왔다. 2009년 10월에 미국에 출시된 모토로라의 '드로이드Droid(유럽명: 마일스톤, 한국명: 모토쿼티)'가 큰 인기를 끌었다.

안드로이드폰은 본격적인 스마트폰 시장의 한 축으로 떠올랐고, 드로이드는 3.7인치 크기의 고해상도(480×854) 화면 및 타이핑 감각이 우수한 쿼티 키보드, 그리고 기능이 한층 향상된 안드로이드 2.0 운영체제를 탑재했다. 드로이드는 출시 74일 만에 105만 대를 판매하는 등, 한때는 아이폰의 판매량을 능가할 정도로 인기를 끌기도 했다. 하지만 문제는 디자인과 쿼티 방식 키보드, 그리고 두께 등의 요소였다. 결국 큰 성공을 하지는 못했던 것이다.

그 후 2010년 6월부터 세계 시장에 출시를 시작한 삼성전자의 갤럭시S가 전 세계 시장을 본격적으로 공략하기 시작했던 것이다. 갤럭시S는 한국 출시 2개월 만에 90만 대, 미국 출시 1개월 만에 100만 대를 판매하는 등 세계적으로 큰 인기를 끌었다. 갤럭시S는 쿼티 방식 키보드를 적용하지 않았다. 그리고 키보드 대신 4인치의 넓은 화면과 9.9mm의 얇은 두께를 실현했으며, 기존의 LCD보다 한층 화질이 우수한 아몰레드AMOLED 패널, 처리 속도가 1GHz 프로세서 등 기능과 성능, 디자인 면에서 기존의 안드로이드 폰보다 모든 면에서 능가하는 최고의 제품이었다.

컨슈머리포츠가 통신사별 최고 스마트폰을 선정한 부분에 있어서도 AT&T, Verizon, Sprint, T-Mobile 모두 갤럭시S가 최고 스마트폰으로 선정된 바 있다. 『월스트리트저널』의 유명 IT 칼럼리스트인 월터 모스버그가 선정한 올해 최고의 전자기기에 1위 아이패드, 2위 4G 무선 네트워크, 그리고 3위에 아이폰4와 갤럭시S가 공동으로 순위에 올랐다.

갤럭시S 선정 이유에 대해 스마트폰 시장에서 안드로이드의 위상을 높이는 데 큰 몫을 했다는 이유를 들었다. 결국 삼성전자는 이제 아이폰과 어깨를 나란히 하면서 아이폰을 넘어설 확고한 토대를 마련하게 되었던 것이다. 갤럭시S는 또 미국 주간지 『타임』이 뽑은 '올해 10대 전자기기'에서 2위에 올랐다. 또 영국 『파이낸셜 타임스』의 IT 전문기자인 크리스 너털은 '올해의 베스트 전자제품'으로 삼성전자의 스마트폰을 포함시켰다.

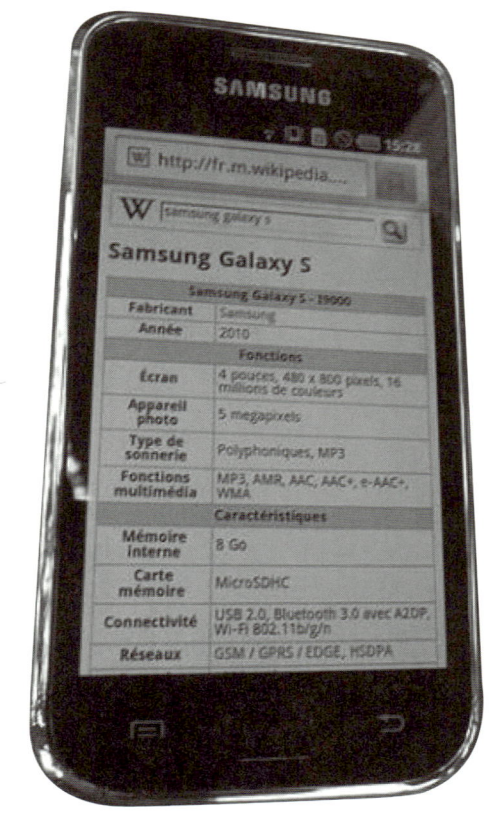

갤럭시S 블랙 (출처 : 위키피디아)

상식을 초월한 제품 개발

갤럭시S는 어떻게 생각해보면 상품기획에도 없었던, 즉 계획에도 없었던 제품의 빠른 출시라고 생각해 볼 수 있다. 비상식적인 제품 개발의 전형이라고 할 수 있다. 애플에서 아이폰4를 출시하던 날을 목표로 가장 빠르게 대응하여 만들어 낸 제품이 바로 갤럭시S라고 할 수 있을 것이다.

삼성전자는 안드로이드 OS 2.1에 다양한 국내 특화 기능을 탑재한 한국형 안드로이드폰 '갤럭시A(SHW-M100S)'를 SK텔레콤을 통해 2010년 4월 27일 출시했다. 하지만 두 달도 채 안 되어 6월에 갤럭시S가 출시되었던 것이다. 여기에는 삼성전자가 아이폰에 대한 경쟁 심리와 아이폰 돌풍으로 인해 생긴 위기의식이 확실하게 작용했다고 할 수 있다.

애플의 아이폰4는 2010년 6월 7일, 미국 샌프란시스코에서 열린 세계개발자회의WWDC에서 기조연설을 맡은 스티브 잡스에 의해 세계 최초로 공개됐다. 기존 아이폰보다 더욱 더 선명해지고 얇아졌으며, 100여 가지의 새로운 기능을 가진 스마트폰이라는 것이다.

그런데 스티브 잡스가 아이폰4를 세상에 공개한 바로 그 시간의 8시간 후인 한국시간으로 8일 오전 10시에 그 아이폰4를 정면으로 대항할 새로운 스마트폰이 한국에서 최초로 공개되었던 것이다. 그 새로운 스마트폰이 바로 갤럭시S였던 것이다. 삼성전자는 상식을 초월하여 온 힘을 다하여 갤럭시S를 급조하다시피 만들어냈던 것이다. 경쟁사의 제품 출시일에 맞추어 출시하기 위해 급조했는데 세계 최고의 기기가 나온 것이다. 과연 어떻게 이러한 일이 가능했을까?

급조를 했는데 세계 최고의 제품이 만들어지기 위해서는 두 가지 조건이 맞아떨어져야 한다. 첫 번째 조건은 급조를 하는 회사가 급조할 수 있을 만큼의 기술력과 역량과 저력이 있는 회사여야 한다는 것이다. 그렇지 않으면 최고의 제품에 대항할 수 있는 최고의 제품을 급조할 수 없기 때문이다. 두 번째 조건은 첫 번째 조건보다 더 중요한 조건으로, 급조하고자 하는 제품의 수준, 즉 기대치가 굉장히 높아야만 세계 최고가 될 수 있다는 것이다. 즉 급조하고자 하는 제품이 다른 회사의 제품과 동등 이하의 수준이면 아무리 급조를 해도 2등밖에 되지 못한다는 것이다. 2등이 된다는 것은 결국 대항마가 되지 못한다는 것을 의미한다. 그리고 그것은 시장 진입에서 실패했다는 것만을 의미하는 것이다.

바로 이런 이유에서 아이폰에 대항하기 위해서 많은 스마트폰 회사들이 스마트폰을 출시했음에도 아이폰에 의해 묻히고 말았던 것이다. 하지만 삼성전자는 경쟁사의 제품을 능가하는 수준의 높은 기대치를 가지고 그 이상의 제품을 급조했다고 할 수 있다. 이 두 가지가 맞아 떨어졌을 때 급조한다는 것은 놀라운 제품을 누구보다 빨리 그리고 제대로 만든다는 것을 의미하는 것이 된다.

갤럭시A와 갤럭시S의 수준 차이는 2개월 만에 연달아 출시된 제품이라고 믿을 수 없을 정도로 큰 차이를 보인다. 결국 갤럭시S는 아이폰4의 대항마로 '제대로 급조된 제품'이라고 할 수 있는 것이다.

필자는 삼성전자의 휴대폰 개발실에서 11년 동안 직접 근무하면서 휴대폰을 개발하고 생산해 보았다. 그래서 삼성전자의 개발실 분위기와 운영되는 원리를 잘 알고 있다. 삼성전자의 무선사업부 휴대폰 개발부서는 한두 곳이 아니다. 수십 개의 팀이 하루에도 정신없이 수십 개의 프로젝트를 하면서 그 어떤 세상보다 더 바쁘게 돌아가고 있다.

갤럭시S는 지금까지 그 어떤 제품보다 가장 우선시하는 제품이 되었을 것이다. 모든 프로젝트위에 갤럭시S 개발 프로젝트가 놓이게 되었을 것이다. 그 결과 디자인팀, 하드웨어개발팀, 기구팀, 생산팀, 신뢰성팀, 소프트웨어개발팀, 마케팅팀, 상품기획팀 등을 총 망라하여 이 제품을 가장 우선시하였을 것이고, 최고의 인력들로 구성된 드림팀이 만들어졌을 것이라고 생각해 볼 수 있다. 즉 모든 부서의 최고 인력이 모여서 최고의 제품을 급하게 만들었고, 삼성전자의 모든 개발 부서들은 여기에 협력을 해야 했을 것이다. 그 결과 갤럭시S가 그렇게 빨리 출시할 수 있게 되었던 것이다.

삼성전자는 보통 때도 특유한 스피드 경영이 최고의 강점이고 경쟁력이라고 할 수 있다. 특히 갤럭시S를 개발할 때는 마치 하루가 한 달처럼 느껴질 정도로 모든 역량을 총 결집했을 것이다. 삼성전자는 공장 안에 연구소, 개발, 디자인, 기구 팀들이 있어서 그 어떤 나라, 그 어떤 기업보다 빠른 스피드 경영을 해 나갈 수 있는 회사이다. 여기에 갤럭시S는 더 강한 스피드를 요구하는 최고의 우선 제품으로 여겨졌고, 실제로 그렇게 개발을 했을 것이다.

아이폰의 유일한 대항마가 되다

아이폰에 대항을 하기 위해서 가장 큰 문제는 시간이었다. 애플은 아이폰을 2007년 1월 9일 처음 출시한 후 지속적으로 업데이트를 해 오면서 더 강력한 아이폰을 매년 출시해 오고 있었다. 그래서 아이폰의 대항마라고 출시된 수많은 스마트폰들이 아이폰의 독주를 막아내는 데 실패할 수밖에 없었던 것이다. 조금 더 나은 스마트폰을 만들어 출시하면 애플은 더 앞서 나가서 더 나은 제품을 출시하기 때문이다.

결국 앞서 나가는 자는 계속해서 멀리 저만치서 앞서 나가는 것이다. 그래서 다른 업체들이 아이폰3G를 따라잡기 위해 스마트폰을 출시하면 애플은 아이폰3G보다 한 단계 더 업그레이드 된 아이폰4를 출시하는 것이다. 그래서 아이폰의 대항마로 기대를 모았던 디자이어, 시리우스, 넥서스원 등이 애플의 전략에 밀려서 대항마가 되지 못하였던 것이다.

결국 아이폰의 대항마가 되기 위해서는 애플이 출시하는 아이폰을 따라잡아야 한다는 것이다. 그런데 삼성전자가 바로 그것, 시간과의 싸움에서 일단 성공했다고 할 수 있는 것이다. 그래서 애플이 아이폰4를 정식으로 발표하는 날에 맞추어 갤럭시S를 발표하는 것에 성공을 했던 것이다. 갤럭시S가 출시되고 나서도 의견은 분분했다. 아이폰의 대항마가 되기에 역부족이라는 사람도 있었고, 가능하다고 평가하는 사람도 있었다. 하지만 이 모든 것은 시간이 증명해 주는 듯하다.

아이폰4와 갤럭시S가 거의 동시에 발표되는 것과 같이 스펙이나 디자인이나 기능도 거의 박빙이었다. 두께는 아이폰4가 9.3mm로 갤럭시S보다 더 얇았다. 갤럭시S는 9.9mm였기 때문이다. 하지만 무게는 갤럭시S가 훨씬 가벼웠다. 갤럭시S의 무게는 121g에 불과했지만, 아이폰4는 137g이었기 때문이다. 스펙상의 속도는 갤럭시S 탑재 CPU는 허밍버드이고 아이폰4 탑재 CPU는 A4칩으로 1Ghz로 동일하다. 디스플레이와 해상도도 박빙이다. 갤럭시S는 액정이 4인치 슈퍼아몰레드로 800×480 해상도다. 즉 아이폰4보다 조금 더 큰 화면에 능동형 유기발광 다이오드 아몰레드^{AMOLED}보다 더 진화된 슈퍼 아몰레드이기에 기존 아몰레드 디스플레이보다 5배 이상 선명하다는 것이 삼성전자의 설명이다.

그리고 아이폰4는 액정 레티나로 3.5인치 960×640 해상도다. 이 정도의 스펙은 둘 다 고해상도이기 때문에 소비자들이 볼 때에는 크게 차이를 못 느낄 수 있는 정도이다. 또 갤럭시S의 카메라는 500만 화소이다. 그리고 아이폰4도 동일한 500만 화소이다. 하지만 아이폰4에는 LED 플래시가 더 추가되어 있다. 카메라는 아이폰4가 우세하다고 할 수 있다. 플래시가 더 추가되었기 때문이다. 하지만 실사용에 둘은 별 차이는 없다고도 할 수 있다. 둘 다 HD영상 촬영을 할 수 있을 만큼 충분한 화소의 카메라를 가지고 있기 때문이다.

가장 논란이 많이 된 아이폰의 아쉬운 점은 바로 내장형 배터리이다. 갤럭시S는 착탈식이기 때문에 많이 사용한 후에 교체를 하면 된다. 하지만 아이폰은 400회 정도 사용한 후에는 비싼 거금을 들여서 배터리를 AS센터에 가서 교체를 해야 한다. 저장 공간에 있어서도 아이폰은 한계를 드러내고 만다. 아이폰4의 경우 16G 혹은 32G가 내장형으로 한번 용량이 정해지면 바꿀 수 없다. 하지만 갤럭시S는 내장 16G에 이어 외장 메모리 슬롯이 지원되기 때문에 최대 32G까지 추가로 더 사용자의 필요에 따라 선택하고 추가할 수 있다. 필요한 어플이 갈수록 많아지고, 스마트폰의 생활이 갈수록 각광받음에 따라 저장 공간 역시 갈수록 늘어나고 있는 추세임을 부인할 수 없다. 그런 점에서 저장 공간이 큰 스마트폰이 결국에는 더 좋은 스마트폰이 된다고 할 수 있다. 이것뿐만 아니라 자질구레한 여러 가지 스펙을 비교한다 해도 누가 승자가 될 것인지는 결국 시장에서 고객들이 결정하는 것이다.

이 시점에서 가장 분명한 사실 한 가지는 아이폰에 대항할 가능성이 가장 높은 진정한 대항마 폰이 삼성전자에서 출시되었다는 점은 아무도 부인할 수 없게 되었다는 사실이다.

구분	갤럭시S	아이폰4
CPU(처리속도)	S5PC111(1GHz)	A4(1GHz)
메모리	16GB(앱설치용 내장메모리 1.8GB제공), 외장메모리 슬롯지원	16GB / 32GB (내장형, 교환불가)
디스플레이	4인치 슈퍼아몰레드 (해상도 800×480)	3.5인치 레티나 디스플레이 (해상도 960×640)
멀티태스킹	지원	지원
등록 어플 개수	약 5만 개	약 22만 5000개
콘텐츠마켓	구글 안드로이드마켓 SK 티스토어 삼성 앱스토어	앱스토어, 아이북스스토어 (국내이용불가) 아이튠스스토어 (국내이용불가)
카메라, 플래시	500만 화소, 플래시 없음	500만 화소, LED플래시
두께	9.9mm	9.3mm
무게	121g	137g
배터리 교환	교환 가능(착탈형)	교환 불가
기타	지상파 DMB	자이로스코프 (6방향 위치인식) 센서

| 갤럭시S와 아이폰4 비교 |

3년 만에 43배 성장한 삼성의 스마트폰

결국 삼성전자는 죽느냐 사느냐의 기로에서 결단을 하고, 용감하게 도전을 했고, 그 결과 갤럭시S를 시작으로 반격에 성공했다. 그 결과 2009년 1분기의 스마트폰 판매량이 130만 대에 불과했지만 3년 후인 2012년 3분기의 스마트폰 판매량이 43배나 되는 5690만 대를 판매하는 기적을 낳았던 것이다.

시장조사기관 스트래티지 애널리틱스Strategy Analytics가 2009년 1분기 집계할 당시 삼성전자 스마트폰 판매량은 130만 대 수준이었다. 하지만 3년 만에 삼성 스마트폰은 43배가량 뛰며 위대한 도약을 했던 것이다.

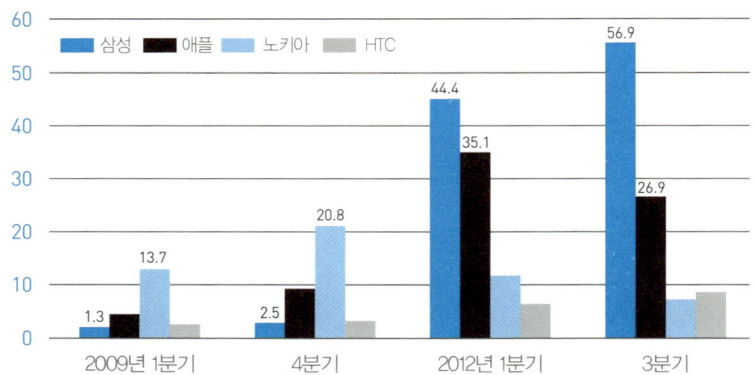

| 삼성 글로벌 스마트폰 판매량 추이 |
출처 : 스트래티지 애널리틱스(Strategy Analytics)

2012년 3분기 애플의 스마트폰 판매량은 2690만 대로 삼성전자의 스마트폰 판매량의 반에도 미치지 못하는 수준이다.

삼성전자는 스마트폰의 엄청난 도약을 통해 휴대폰 업계에서도 14년 동안 전 세계 휴대폰업계를 군림해 온 최강 1등 기업 노키아를 꺾고 1위로 도약을 할 수 있게 되었다.

로이터가 집계한 애널리스트 조사에 따르면 삼성전자는 2012년 1분기 세계 휴대폰 시장에서 8800만 대의 판매량을 올렸다. 하지만 노키아는 8300만 대에 그쳤다. 그 결과 삼성전자는 노키아를 제치고 글로벌 휴대폰 판매량 1위 기업으로 사상 최초로 등극하게 되었던 것이다.

삼성전자가 휴대폰 업계에서 14년 동안 독보적인 1위를 지켜온 노키아를 넘어설 수 있었던 가장 큰 요인은 아이폰 때문이었다. 아이폰의 출시로 인해 휴대폰 업계가 흔들렸고, 기존의 휴대폰에서 스마트폰으로 재편되는 과정에서 노키아는 민첩하게 대응하지 못했다.

노키아가 그렇게 삼성만큼 민첩하게 대응하지 못한 이유는 기술력의 부족이 아니라 자만 때문이었다고 할 수 있다. 노키아는 충분히 아이폰보다 더 나은 스마트폰을 만들 수 있는 그런 최강 기술력의 기업이다. 하지만 아이폰이 출시되고, 세계인들이 아이폰에 열광하는 것을 보고도 노키아는 어느 정도 마음을 놓고 있었던 것이다. '설마 휴대폰을 한 번도 만들지 못했던 기업이 무슨 일을 해낼 수 있을까?'라는 안일한 생각으로 대처를 하다가 결국 반격할 수 있는 때를 놓치게 되었던 것이다.

제1부 처음에는 스마트폰의 대명사가 아이폰이 아니었다

삼성전자는 갤럭시S의 성공을 통해 삼성전자의 휴대폰 역사를 다시 썼을 뿐 아니라 세계 휴대폰 역사에 많은 부분을 차지하게 되었다. 그리고 갤럭시S의 성공을 통해 아이폰을 넘어섰다고 볼 수 있을 뿐만 아니라 세계 1위 자리라는 정상에 오를 수 있게 되었다. 그런 점에서 2012년은 삼성전자의 휴대폰 사업부에게 최고의 해였다고 말할 수 있을 것이다.

제 2 장

급조된 휴대폰이
혁신 아이콘을
넘어서다

무서운 아이폰 열풍이 국내에 불어닥치다

2009년 말 한국이라는 작은 나라가 외국의 스마트폰 하나로 인해 크게 흔들리고 요동치는 그런 웃지 못할 일이 벌어졌다. 글로벌 넘버 2와 3위를 하고 있던 삼성전자와 LG전자가 당당하게 버티고 있는 휴대폰의 강자들이 있는 한국에서 일어난 일이었다.

삼성전자와 LG전자가 누구인가? 수십 년의 기술력을 바탕으로 한국에 들어온 세계 최강의 기업 모토로라를 완전하게 물리친 역전의 용사들이지 않는가?

그리고 2009년 특히 삼성전자는 국내 휴대폰의 명실상부한 최강자였다. 그런데 애플의 아이폰이 한국에 출시된다는 소식이 들리기 시작하면서 엄청난 애플 파워가 한국에 심하게 요동쳤다. 온 국민이 너무나도 분명하게 느낄 수 있을 정도였다. 우물 안 개구리처럼 삼성전자의 휴대폰이 세계 최고인 줄만 알았던 국민도 애플의 아이폰으로 인해 심한 충격을 받았고, 애플의 아이폰을 통해 새로운 별천지로 도약하게 되었다. 하지만 국민들보다 더 심한 충격을 받은 이들은 통신 사업자들과 무엇보다도 삼성전자였을 것이다.

2009년 11월 22일 국내 한 통신 사업자가 아이폰이 국내에 출시될 것이라는 사실을 공식적으로 발표했다. 출시는 28일이었지만, 단 이틀 예약판매만으로 국내 최강 기업이었던 삼성전자의 간판 스마트폰인 '옴니아2'의 판매량을 초월해 버린 것이다. 이틀 동안의 예약판매로 삼성전자의 스마트폰 옴니아2의 1개월 동안의 판매량을 넘어서 버린 것이다.

애플 아이폰의 예약 판매 첫날에는 심지어 예약 홈페이지가 다운되는 사상초유의 사태가 휴대폰의 자존심인 삼성전자가 떡 하니 버티고 서 있는 국내에서 버젓이 발생해 버렸다. 정식 판매가 아닌 예약 판매 이틀 만에 삼성전자는 처참하게 안방에서 붕괴되어 버린 것이다.

그동안 삼성전자와 IT 강국 한국에 대해 부러워했던 해외 언론들과 외국인들은 열광했다. 『월스트리트저널』에서는 아이폰이 국내에서 정식으로 판매되기도 전에 당시의 한국의 상황을 잘 말해 주는 기사를 내보냈다.

"한국이 아이폰 출시로 인해 흔들리고 있다."

예약 판매 접수 첫날에 이미 10만 명이 넘는 고객들이 예약 홈페이지를 방문했던 것이다.

2009년 10월 삼성전자가 출시한 최강 스마트폰 '옴니아2'가 한 달 동안 2만 대가 초라하게 판매되던 국내 시장에 아이폰은 예약 판매 이틀 만에 4만 2천 명이 가입했던 것이다. 예약 판매 삼 일째 날에는 하루에 예약 가입자 수가 3만 6,000명으로 늘어났고, 아이폰의 하루 예약 판매량이 삼성전자의 한 달 판매량보다 2배 가까이 많았던 것이다. 그리고 이것은 폭발적으로 하루가 멀다 하고 급증해 나가는 추세였던 것이다.

아이폰 열풍과 애플 쇼크가 휴대폰 강자인 삼성전자가 버티고 있던 국내에서도 폭발적으로 발생했던 것이다. 더 큰 애플 쇼크는 정식으로 출시된 후인 28일 후부터 시작되었다. 파죽지세라는 말이 연상될 정도였다. 어떻게 스마트폰이 피처폰보다 더 많은 판매량을 그것도 국내에서 기록할 수 있었을까?

애플의 아이폰이 불가능한 일을 국내에서 해버린 것이다. 아이폰이 출시되고 나서 사흘도 안 되어 국내 휴대폰 시장의 5%를 아이폰이 점령했고, 출시 다음 주인 12월 첫째 주 국내에서 가장 많이 팔린 휴대폰, 즉 피처폰과 스마트폰을 다 통틀어서 가장 많이 팔린 휴대폰 역시 놀랍게도 스마트폰이 되었다. 그것이 바로 애플의 아이폰이었던 것이다.

애플 쇼크라고 할 수 있는 또 다른 현상은 중년들이 아이폰을 통해 스마트폰 세상을 경험하기 시작했다는 것과 스마트폰 시장이 급속도로 팽창했다는 것이다. 소위 '아이폰 스트레스', '아이폰 증후군'이라는 말들도 나올 정도로 아이폰은 하나의 문화, 유행, 트렌드가 되어 버렸던 것이다. 하나의 스마트 기기가 이처럼 큰 사회적·문화적 영향을 주고, 인류에게 라이프 스타일을 급속도로 변화시킬 정도의 위력을 가진 것은 PC나 인터넷 이후로 처음이었다고 할 수 있다.

결국 삼성전자는 2010년 4월 갤럭시A를 출시했지만 역부족이었고, 결국 2개월 후 갤럭시S를 출시했던 것이다.

삼성 붕괴 시나리오가 나오다

'한국의 언론만 접하다 보면 마치 갤럭시S가 아이폰4의 대항마로 확실한 자리매김을 하고 있는 듯 보인다. 그런데 외국의 언론을 보면 갤럭시S는 아이폰4와 경쟁하는 여러 스마트폰 중의 하나 정도로 비춰진다. 전 세계 네티즌들의 구매의향을 조사해 봐도 아이폰4를 구매하겠다는 의견이 지배적이다.'

새로운 글로벌 기업 강자들의 경영철학과 정신 및 전략을 비교하며, '삼성이 나아갈 바를 제시하는 삼성 맞춤형 경영전략 대안서'라는 다소 거창한 집필 의도를 내비추는 『삼성 붕괴 시나리오』라는 책에 나오는 대목이다.

이 대목처럼 실제로 삼성전자가 총력을 기울여서 만든 갤럭시S가 성공을 할 수 있을지에 대해서는 아무도 장담하지 못했던 것이다. 왜냐하면 쟁쟁한 휴대폰 업체들이 다양한 스마트폰을 출시했음에도 아이폰을 넘어서는 것에 실패를 했기 때문이다. 무엇보다 삼성전자는 이때까지 하드웨어 중심의 제품만을 만들어왔고, 그것도 혁신과는 전혀 다른 차원의 기존 폰들을 그저 개선하는 수준에서 제품들을 만들어왔던 패스트 팔로워의 전형적인 회사였기 때문이다.

삼성전자는 애플의 아이폰이 출시되기 전에는 잘 나가던 유망한 기업이었지만, 애플에서 혁신 제품인 아이폰이 출시되어 휴대폰 시장이 요동치기 시작하면서 함께 흔들렸던 기업이 되었던 것이다. 특히 삼성전자에게 치명적인 모욕은 혁신 제품다운 혁신이 없고, 기존의 하드웨어 중심의 제품 개발에만 치중할 줄 아는 그런 과거형 기업, 산업화시대의 기업이라는 말들이었다. 브랜드 시대에 세계 최고의 혁신 기업과 비교되면서 상대적으로 다른 기업보다도 더 오랫동안 공들여 쌓아올린 명성과 브랜드에 금이 가기 시작했던 것이다.

패스트 팔로워였던 한국의 제조업체들은 다시 한 번 더 빠른 추격에 나섰고, 그 결과 삼성과 LG, 팬택은 아이폰의 국내출시 직후에 1GHz 중앙처리장치를 탑재한 안드로이드 운용체제 기반의 스마트폰인 갤럭시S, 옵티머스Q, 시리우스를 각각 선보이며 아이폰에 반격을 가했다.

하지만 아무도 이러한 반격에 기대를 하지 않았다. 아이폰의 열풍과 아이폰이 창조한 새로운 시장의 가치와 인터넷 기반의 새로운 모바일 혁명의 새로운 패러다임은 결코 만만한 것이 아니었기 때문이다. 아이폰은 휴대폰 업계에 새로운 생태계를 만들어 놓았던 것이다. 이제 휴대폰 업계의 선발 기업들이 가장 후발업체인 애플을 따라가야 할 판국이 되었던 것이다. 삼성전자를 비롯한 국내 휴대폰 제조 기업들은 전혀 다른 차원의 새로운 강적 앞에서 머리를 숙여야 하는 굴욕을 맛볼 수밖에 없었다.

이런 분위기 속에서 삼성 붕괴 시나리오가 나오는 것은 절대 과장된 이야기가 아니었다. 이 때 삼성전자의 분위기는 상상 그 이상으로 참혹한 것이었다.

2008년 한 언론사의 조사 결과 한국인들의 삶에 가장 큰 영향을 미친 것 중에 하나가 휴대폰이었다. 한국인들은 이 세상의 그 어떤 나라

국민들보다 더 휴대폰을 사랑하고 애용하는 국민들이다. 성인들 중에 휴대폰 없이 살아가는 사람들이 1%도 안 되는 그런 나라이기도 하다. 그런데 이런 나라의 국민들에게 아이폰의 출시와 아이폰의 돌풍 소식은 한 마디로 충격적이었다. 그것도 2년 동안이나 그러한 신기한 휴대폰이 국내에 출시되지 못하고 있었을 뿐만 아니라 삼성전자와 같은 막강한 회사가 아이폰에 대적할 만한 휴대폰을 만들지도 못한다는 것은 모든 국민들이 삼성전자를 조롱하고도 남을 만한 충분한 이유가 되었던 것이다.

인류에게 휴대폰이 발명되었고, 계속 진화를 거듭하면서 현대인들은 현대 전자문명의 이기인 휴대폰을 통해 그 어떤 시대의 인류보다 더한 편리함과 즐거움을 마음껏 누려 왔다. 최근 한국인들이 누리는 편리함과 즐거움은 말할 필요조차 없을 것이다.

하지만 국민들은 아이폰을 만나고 나서 새 세상을 만난 듯 열광하기 시작했고, 인터넷은 난리가 나기 시작했던 것이다. 삼성전자에서 그동안 출시되어온 최신 제품들이 모두 순식간에 고객을 우롱하기 위해 만드는 조잡한 물건으로 전락하고 말았던 것이다.

'삼성전자의 시대는 이제 갔다.'
'패스트 팔로워 전략만 추구하던 삼성전자는 이제 임자를 만났다.'
'하드웨어 중심, 산업화 중심, 제조업 중심의 삼성전자가 흔들리다.'

제1부 처음에는 스마트폰의 대명사가 아이폰이 아니었다

무수한 유언비어들이 인터넷상에 나도는 것이 누가 봐도 이상하지 않고 충분히 납득이 간다는 것은 삼성전자의 붕괴 시나리오가 점점 더 현실이 되어 가고 있을지도 모른다는 느낌마저 들게 했다. 그것은 불과 3년 전의 일이었다.

그 3년 사이에 삼성전자는 소위 '괄목상대'해야 할 정도의 경이로운 성장을 했다. 지금도 중국의 신생업체들과 다른 분야의 업체들이 스마트폰 분야에 도전장을 내밀고 위협을 하고 있지만, 분명한 사실은 3년 전의 삼성전자와 지금의 삼성전자는 하늘과 땅만큼이나 모든 것이 달라져 있다는 것이다. 붕괴 시나리오가 나올 정도로 위태했던 삼성전자가 3년이라는 짧은 기간 만에 압도적인 판매율과 시장점유율 1위 기업으로 도약했다는 것은 삼성전자에게 위기와 시련은 또 한 번 도약의 기회를 제공해 주었다는 사실을 깨닫게 한다. 그 당시 한국과 삼성전자가 얼마나 모바일 후진국이며 스마트폰 후발 주자였는지에 대해 자세히 살펴보면 총체적으로 해법이 없던 3년 전의 우리나라와 삼성전자의 암담했던 현실을 조금이나마 이해하게 될 것이다.

IT 강국 한국의 뼈아픈 고백 '모바일 후진국'

'정보기술^{IT} 강국 한국은 아이폰 앞에서 자존심을 버리고 '모바일 후

진국'임을 고백했다.'

　애플의 아이폰이 국내에 출시된 지 6개월이 된 시점에서 한겨레신문에서 발표한 기사 내용이다.

　2011년 한국이 다른 80여 개국에 이어서 아이폰 출시를 허용한다는 방침을 발표하자, 『월스트리트저널』은 '아이폰이 세계에서 가장 비싸고 폐쇄된 한국의 이동전화 시장을 깨뜨려 개방할 것'이라고 보도한 적이 있다. 그런데 그것은 실제로 그대로 현실이 되어 버렸다. 삼성전자와 LG전자, 팬택이 이동 통신사와 손잡고 펼쳐나가던 폐쇄적인 '안방장사'가 아이폰에 의해 격퇴를 맞은 것이다. 스스로 모바일 후진국임을 드러낼 수밖에 없었던 것이다.

　아이폰이 국내에서 출시되면서 불어닥친 아이폰 열풍은 한국의 단말기 제조사들의 제조기술과 이동통신 서비스, 모바일 인터넷 이용환경 등에서 뒤처져 있다는 사실을 뼈저리게 느끼고 자성하게 해주었다.

　특히 국내 휴대폰 제조사들은 지금까지 너무 비싼 가격에 너무 수준 낮은 서비스를 제공하면서도 소비자들의 위에서 군림하는 듯한 행패를 보여 주었던 것이다. 하지만 애플의 아이폰이 국내에 출시되면서 소비자들은 현실을 직시하게 되었고, 깨닫게 되었던 것이다. 애플의 아이폰 국내 출시로 한국의 일반 국민들이 모두 느낄 수 있게 된 분명한 한 가지 사실은 이것이었다. '한국은 정보기술 강국이라고 자부심을 가지고 있었는데, 제대로 눈을 뜨고 보니 모바일 후진국 수준에도 못 미치는 나라'였던 것이다. "IT 강국은 허상이고 우리나라는 모바일 후진국이 됐으며 이는 모두 국내 이동통신사들의 폐쇄적인 정책 때문이다."는 네티즌들의 성토가 이어졌다.

2009년 6월 9일 새벽, 인터넷 세상은 기대와 설렘으로 들끓기 시작했다. 현지 시각으로 8일 미국에서 열린 애플의 세계 개발자 회의 WWDC 2009, Apple Worldwide Developer Conference 에 많은 네티즌들의 시선이 집중됐다. 아이팟이라는 MP3플레이어로 전 세계 IT시장을 강타한 애플은 이 날 새로운 스마트폰 '아이폰3Gs' 신제품 발표와 한국 시장 출시 여부를 공개할 것으로 기대됐기 때문이었다. 하지만 IT 강국으로 자부심을 느꼈던 네티즌들은 왜 아이폰의 국내 출시를 그렇게 애타게 기다렸던 것일까?

아이폰은 모바일 인터넷의 수준을 한 단계 끌어 올려 주는 최고의 혁신 제품이기 때문이다. 그런데 이런 제품이 IT 강국이라는 한국에서 여전히 출시가 되지 않고 있었다. 벌써 2년이란 세월 동안 한국은 계속해서 아이폰의 국내 미출시로 인해 후진국으로 뒷걸음치고 있는 양상이 되어 버렸다. 국내 네티즌들이 혁신 제품 아이폰에 목말라 하는 것도 당연한 일이었다. 아이폰3GS의 신제품 발표와 함께 출시될 국가의 목록에서 아무리 찾아봐도 태극기가 보이지 않게 되자, 아쉬움을 토로하는 소리가 인터넷에 빗발치게 되었던 것이다.

김형오 국회의장도 2010년 4월 13일 기자간담회에서 "현재 우리나라의 IT콘텐츠 산업의 현실은 처참한 수준이다. 그런데도 문제의식이 부족하다. 이대로 가단 한국은 모바일 후진국이 될 수 있다."라고 역설할 정도로 이때 한국의 IT 수준은 거품이 많았던 허상에 불과했다는 것을 누구나 뼈저리게 인식할 수 있는 지경까지 이르렀던 것이다.

아이폰은 모바일 인터넷 시장의 '태풍'

아이폰은 PC나 노트북처럼 무선 인터넷을 자유롭게 실행할 수 있는 최고의 제품이었다. 전자캘린더·지도·인터넷전화VoIP 등의 다양한 모바일 애플리케이션을 '앱스토어'라는 온라인 장터를 통해 자유롭게 이용하고 구매할 수 있는 '스마트폰'일 뿐만 아니라 누구나 판매할 수도 있는 그런 스마트폰이기도 했다.

'손 안의 PC'로 불리는 스마트폰 시장은 오는 2014년까지 연평균 성장률이 약 30%에 이를 것으로 전망되는 휴대폰 시장의 블루오션으로 통하고 있다. 실제로 삼성전자의 성장은 이것과 비교도 되지 않을 정도의 성장을 보여 주었다.

아이폰은 앱스토어를 내세워 출시된 지 1년 반 만에 전 세계 휴대폰 시장점유율을 단숨에 1%대로 끌어올리는 기염을 토했다. 그것도 단일 모델로 이뤄낸 성과여서 특히 크게 주목받았다. 심지어 휴대폰을 한 번도 만들어 본 적이 없는 새로운 후발주자라는 점에서 기존의 휴대폰 업체와 업계는 큰 충격에 빠질 수밖에 없었던 것이다.

애플 앱스토어 애플리케이션 누적 등록 수는 2009년 초 1만 5000건을 훌쩍 넘겼으며 애플리케이션을 아이폰에 다운받은 건수는 5억 건을 돌파했다. 그런데 이것은 모바일 후진국이었던 한국에서는 상상도 할 수 없는 놀라운 기록이었다. 게임·지도·소셜네트워킹·블로그·인터넷전화·일정관리 등 다양한 애플리케이션을 자유롭게 개발할 수 있는 것도 놀라운 일이었다. 그런데 그것을 누구나 사고팔 수 있는 새로운 시장인 앱스토어는 모바일 콘텐츠 시장의 새로운 미래 트렌드를 주도하기 시작했던 것이다.

국내 휴대폰 업체의 간판격인 삼성전자를 비롯 한국 정부와 이동 통신사들은 애플의 아이폰 덕분에 엄청난 굴욕을 당해야 했다. 하지만 그것은 모두 애플의 잘못이 아니라 삼성전자를 비롯 한국 정부와 이동 통신사들의 명백한 잘못이었고, 실수였던 것이다. 가령 국내에서 출시된 휴대폰으로 벨소리를 다운받기 위해서는 이동통신사가 제공하는 모바일 사이트에 접속해 접속료와 가격을 지불하고 받아야 한다. 그리고 한국인들은 이것이 당연한 것인 줄 알았다. 다른 세상에 눈을 뜨지 못하게 이동통신사들이 폐쇄적인 전략을 사용했기 때문이다.

하지만 아이폰은 이와 다르다. 달라도 전혀 다르다. 아이폰으로 벨

소리를 다운받으려고 하면, 이동통신망이 아닌 와이파이^{WiFi}라는 무선
인터넷 존으로 접속이 가능할 뿐만 아니라 컴퓨터와 연결해 아주 간
단하게 애플리케이션을 다운로드할 수 있다. 이렇게 되면 이동통신사
의 데이터통신 매출 감소가 불을 보듯 뻔한 상황에서 섣불리 아이폰
을 한국에 들여올 수 없는 것이다. 이러한 현상이 반복되다 보니 우리
국민들만 모바일의 선진 서비스를 누리지 못한 채 모바일 후진국 국
민으로 살아가야만 하게 되었던 것이다.

급조된 휴대폰이 세계적인 혁신 제품을 넘었다

여러 가지 내외적 조건과 환경 속에서 삼성전자는 갤럭시S를 출시
하게 되었고, 그 제품은 아이폰과 어깨를 나란히 하며 앞서거니 뒤서
거니 하면서 질주를 하기 시작했던 것이다.

프랑스 언론에서 갤럭시S와 아이폰4의 성능을 비교한 적도 있었는
데 매우 흥미진진하다. 프랑스의 주요 일간 경제지『라트리뷘^{La Tribune}』
의 2010년 6월 28일자 '갤럭시S vs 아이폰4 비교 분석 기사'에 의하면,
갤럭시S가 3승 3무 2패로 아이폰4를 능가하여 1차전 종합 우승을 차
지했다는 것이다. 하지만 최종 승자는 소비자의 손과 눈과 귀가 정할
것이라고 설명을 덧붙였다.

이 일간 경제지는 8개 평가 기준을 세우고, 평가 기준별로 비교 분석한 내용을 모두 기재했다. 일간지에 실린 평가 내용을 살펴보면 급조된 갤럭시S가 오랫동안 치밀하게 준비하여 만들어진 아이폰4에 절대 뒤처지지 않는다는 사실을 알 수 있다.

□ 8개 평가 기준별 비교 분석 내용

○ 디스플레이 : 갤럭시S 우세

전자 집적회로 생산업체인 삼성은 아이폰4의 것보다 현저히 밝은 슈퍼 아몰레이드 디스플레이를 탑재함. 애플은 해상도를 3세대 이동통신 모델의 2배로 향상해 이메일, SMS^{Short Message Service} 등의 판독을 향상시킴. 밝은 불빛에서 2개의 디스플레이 성능은 동등.

○ 실용성 : 무승부

갤럭시S에서는 구글 맵을 아주 빨리 사용할 수 있어서 스트리트 뷰 Street View와 같은 호감스러운 기능과 함께 무료 GPS로 사용할 수 있었음. 아이폰4는 이북^{eBook} 판독기를 탑재했으며 자료별로 앱들을 모을 수 있어 디스플레이의 사용 공백을 확립했음.

○ 어플리케이션 : 무승부

앱스토어에는 15만 개의 앱이 앤드로이드 마켓에는 5만 개의 앱이 있는데 이는 중요치 않음. 아주 미소한 비율의 앱들이 가장 많이 다운로드 받는 실정임. 그렇지만, 앱스토어가 안드로이드 마켓보다 사용하기에 현저히 편리함. 이 부문에서 경쟁자는 아직도 가야 할 길이 요원함.

○ 텍스트 입력 : 갤럭시S 우세

갤럭시S의 가장 눈부신 부문임. 발전된 T9 기술에 기반을 둔 라이트 앤드 고우Write and Go 기술은 삼성이 3개월 독점권을 가지는 스와이프Swype*로 불리는 기술로 손가락을 디스플레이 위에 스치면서 아주 빨리 글자를 입력할 수 있으며 입력된 텍스트를 이메일, SMSShort Message Service 또는 소셜 네트워크 서비스(Tweeter, Myspace, Facebook 등)에 전송할 수 있음. 아이폰4는 이 부문에서 새로운 것이 전혀 없음. 자판도 전 모델 것 그대로 임.

* 스와이프Swype : 손가락을 떼지 않고 미끄러지듯이 문자 입력이 가능한 방식. 그림을 그리듯 손가락으로 자판을 스쳐 지나가면 이동 지점을 기억해 순서대로 글자가 저장되는 방식으로 빠르게 문자 메시지를 입력할 수 있다.

○ 사진 / 비디오 : 아이폰4 우세

아이폰4와 갤럭시S 두 모델 모두 500만 화소의 카메라를 지원해 영상통화 및 A4 용지 확대가 가능함. 애플은 플래시가 있으나 삼성은 없음. 두 모델 모두 HD 비디오(720p) 구현이 가능함. 아이폰4는 와이파이^{wifi} 및 다른 아이폰4와의 영상통화만 가능한데 많이 사용되지 않는 GSM 통신망을 통한 기존의 영상통화보다 경제적이어서 스카이프 Skype** 및 여타 이동통신기기 생산업체들이 곧 채택할 것임.

** 스카이프 Skype는 룩셈부르크의 스카이프 테크놀로지사가 개발한 무료 VoIP 소프트웨어이다.

○ 프로세서 : 무승부

우선 보기에 같은 것들임.

○ 마무리(디자인) : 아이폰4 우세

애플은 안테나 및 틀로 사용되는 아름다운 금속 액자를 가진 모델로 최고급화함. 표면이 긁히지 않고 뒤틀리지 않는 압연 유리로 덮여 있음. 삼성은 과감성이 결여됐고 디자인이 더 진부함.

○ **소셜 네트워크 접속 : 갤럭시S 우세**

진정한 통합 메신저인 갤럭시S의 소셜 허브를 가져 아주 수월함. 작은 아이콘은 구글, 익스체인지Exchage 및 페이스북Facebook의 세계와 접속 상태를 표시해줌. 애플사에서는 사용 시마다 매번 앱을 다운로드 받아야 함.

자료 출처 : 대한무역투자진흥공사 (KOTRA)

이제 결정은 소비자들의 손과 눈과 귀에 달려있는 것이다. 삼성전자는 갤럭시S를 출시하면서 모든 것을 이 스마트폰에 걸고 '진인사대천명盡人事待天命'의 자세로 숨죽이며 성과를 기다렸을 것이다.

진정한 강자는 적에게서 배운다

아이폰의 독주 속에서 출시된 갤럭시S의 탄생으로 조금씩 아이폰의 독주는 사라지게 될 조짐을 보이기 시작했다.

갤럭시S가 출시되고 나서 6개월 후 녹색소비자연대전국협의회가 2011년 초에 발표한 '스마트폰 정보비교사업'에 따르면, 삼성전자의 갤럭시S는 아이폰4보다 더 만족스러운 스마트폰으로 평가받았다는 것을 알 수 있다. 7점 만점의 만족도 조사에서 국내의 다른 업체의 점수와 모토로라 스마트폰의 점수는 모두 아이폰보다 못했지만 유일하게 삼성전자의 갤럭시S는 아이폰4보다 높았던 것이다.

모토로라의 모토글램은 4.19점이었고, 팬택의 스카이 베가는 4.68점을, LG전자의 옵티머스Q는 4.81점을 받았고, 아이폰4는 5.13점을 받았던 것이다. 그런데 갤럭시S는 5.15점을 받으면서 아이폰4보다 더 많은 점수를 받는 유일한 스마트폰으로 소비자들이 평가를 해주었던 것이다.

미국의 권위 있는 경제전문지 『포브스지』도 삼성의 갤럭시S에 손을 들어 주었다. 『포브스지』는 '2010년 가장 성공한 휴대폰 제품'으로 갤럭시S를 선정했던 것이다. 갤럭시가 출시된 후 6개월 후인 2010년 12월 27일자 인터넷 판을 통해서 2010년 미국에서 출시된 첨단기술 제품 중에서 휴대폰과 노트북 등 4개 분야에서 대표적으로 가장 성공한 제품과 실패한 제품을 선정하였고, 그 결과를 발표하였던 것이다. 미국의 대표적인 IT분야 리서치 자문회사인 가트너도 갤럭시S의 손을 들어 주었다. 휴대폰 부문의 대표적인 성공작으로 갤럭시S가 뽑혔던 것이다. 결국 패스트 팔로워라는 악명을 얻어 왔던 삼성전자에서 인류 최고의 혁신 스마트폰을 뛰어넘는 스마트폰이 탄생하고 말았던 것이다.

삼성전자가 이렇게 위대한 혁신 제품을 세계 최단기간에 개발하여 출시할 수 있었던 것은 파괴적 혁신과 끊임없는 도전의 결과라고 할 수 있다. 삼성전자는 혁신 제품을 뛰어넘기 위해서 기존의 모든 패턴과 디자인 및 기술 개발 방식을 다 파괴하였다. 모든 것을 원점으로 돌리고 원점에서 다시 시작할 수 있었던 과감함, 모든 역량을 한 제품에 쏟아부을 수 있는 집중력, 그리고 기존의 모든 방식을 파괴하고 새로운 방식을 실천할 수 있는 도전 정신이 있었던 것이다.

진정한 강자는 적에게서 배우는 자이다. 그리고 진정한 강자는 유연해야 한다. 이러한 사실을 역사가 증명해 보여 주는 것이다. 로마는 카르타고와 포에니 전쟁을 치르면서 적장 한니발의 전술·전략을 배웠다. 그리고 그 결과 결국 그를 물리칠 수 있게 되었던 것이다. 로마가 스스로의 방법을 끝까지 고집하고 유연하게 변화와 혁신을 하지 않았다면 고대 지중해의 패권은 카르타고가 장악했을지도 모른다.

그런데 이것은 이건희 회장이 신경영 선언을 통해 끊임없이 임직원들에게 주문한 것과 다르지 않다. 1993년 "자식과 마누라를 빼고는 다 바꾸라."던 신경영의 변화와 혁신, 그리고 도전 의식은 삼성전자 임직원들에게 강한 체질로 변화하는 계기가 되어 주었고, 강한 기업으로 변화된 삼성전자는 힘센 경쟁자를 만남으로 인해 더욱 강한 기업으로 다시 도약하게 되는 성과를 창출하게 되었던 것이다. 그렇게 단단한 체질로 거듭난 삼성전자에게 이건희는 다시 한 번 도전하고 변화하고 시작하라고 다그쳤다.

"글로벌 일류 기업들이 무너지고 있다. 삼성도 언제 어떻게 될지 모른다. 앞으로 10년 내에 삼성을 대표하는 사업과 제품은 대부분 사라질 것이다. 다시 시작해야 한다."

이건희 삼성전자 회장이 2010년 3월 경영에 복귀하면서 한 말이다. 갤럭시S가 출시되기 3개월 전이다.

갤럭시S의 진짜 제품 개발 기간은?

갤럭시S의 제품 개발 기간이 과연 얼마였을까? 평균적으로 스마트폰 개발 기간은 애플의 경우를 살펴보면 10개월에서 1년 정도였다. 이것도 빠른 편이다. 왜냐하면 애플의 최초 아이폰이 개발될 때는 이것보다 훨씬 더 많이 걸렸을 것이기 때문이다.

베이스가 되어줄 최초의 아이폰이 있기에 그 다음 버전이 이 정도의 기간을 통해서 지속적으로 출시가 될 수 있었던 것이라고 보면 된다. 그렇다면 삼성전자의 갤럭시S는 과연 몇 개월 만에 개발이 된 것일까? 참고로 현재 한국의 스마트폰과 신차 개발 기반은 이미 세계에서 가장 짧은 수준에 올라섰다고 할 수 있다.

삼성전자는 2008년 6월 옴니아를 출시했고, 2009년 6월 옴니아II를 출시했다. 그리고 2010년 4월에 갤럭시A를 출시했다. 그런데 그 다음으로 디자인과 기능과 성능이 한 차원 높은 수준으로 도약을 한 갤럭시S가 출시를 했는데, 통상적으로 출시가 될 날짜를 계산해 보면 2011년 4월 전후가 되어야 한다. 그런데 놀랍게도 갤럭시S는 2010년 6월 출시가 되었다. 과연 어떻게 된 것일까?

삼성전자는 특유의 스피드 경영을 통한 제품 개발의 저력을 이 제품에 총 집결하였다고 할 수 있다. 스마트폰은 일반 휴대폰과 달리 엄청난 부품과 개발 기간이 소요된다. 애플의 경우에도 최초의 아이폰이 출시된 후 다음 기종이 출시되기 위해서는 통상 1년이 걸린다. 삼성전자도 여기에서 예외는 아니었다. 최초의 아이폰 대항마로 내놓은 옴니아를 출시한 후 다음 버전인 옴니아II를 출시하는 데 정확히 1년이 걸릴 정도로 스마트폰은 일반 휴대폰이나 다른 전자제품보다 훨씬 더 복잡하고 엄청난 개발 기간이 소요될 수밖에 없는 최첨단 제품 중에 하나이다.

결론은 이것이다. 삼성전자는 갤럭시S를 이 세상에서 그 어떤 기업보다 빠른 속도로 개발해 내었다는 것이다. 그래서 그 개발기간을 역으로 추정해 볼 때, 통상 스마트폰 개발 기간이 1년이라고 본다면 갤럭시S는 그것의 절반도 걸리지 않았다고 감히 말할 수 있는 것이다.

필자는 개인적으로 삼성전자 무선사업부에서 11년 동안 실제로 스마트폰을 개발한 경험을 토대로, 갤럭시S의 개발 기간이 3개월에서

못해도 5개월 이내이었다고 생각한다. 필자가 이렇게 생각하게 된 근거가 되는 또 다른 이유는 이건희 회장의 지시이다. 2010년 3월 이건희 회장은 경영 복귀를 하면서 "글로벌 일류 기업들이 무너지고 있다. 삼성도 언제 어떻게 될지 모른다. 앞으로 10년 내에 삼성을 대표하는 사업과 제품은 대부분 사라질 것이다. 다시 시작해야 한다."라고 주문했다. 그리고 그는 여기에 그치지 않고, 위기의식을 강조하고 또 강조하면서, "삼성의 미래는 신사업·신제품·신기술에 달려 있다."며 "실패는 삼성인에게 주어진 특권으로 생각하고 도전하고 또 도전하기를 당부한다."고 항상 임직원들에게 말한다.

경영 복귀 직후 삼성전자 이건희 회장은 삼성전자의 무선사업부 연구소가 있는 수원사업장을 전격 방문했다. 그리고 무선사업부의 경영자들과 개발자들에게 다음과 같은 당부를 했다.

"세상 어떤 스마트폰보다 더 강력한 스마트폰을 만들어 달라."

이건희 회장의 이러한 주문이 2010년 3월에 있었고, 바로 이러한 주문 직후에 삼성전자는 소프트웨어 개발자들을 대거 영입하고, 연구개발비를 작년보다 2배 이상 늘렸다. 갤럭시S가 '이건희폰'이라고 불리는 것도 바로 이것 때문이다.

삼성은 2010년 3월부터 뭔가를 만들어내기 위해 총력전에 돌입했다고 짐작해 볼 수 있는 것이다. 이건희의 주문이 있은 후 3개월 후에 갤럭시S라는 스마트폰이 세상에 나왔다. 그리고 이 폰에 대해 신종균 사장은 '삼성전자의 20년 휴대폰 경험이 집대성된 걸작 중에 걸작'이라고 강한 자신감을 내비쳤다.

이건희 회장이 이런 말을 하기 전까지는 삼성전자도 거대 공룡 노키아와 비슷하게 아이폰의 질주를 무시했을 것이라고 여겨진다. 하지만 그 본질은 전혀 다른 것이었다. 노키아의 경우 거대 공룡 기업이기에 작은 회사의 조금 핫한 제품이 돌풍을 일으키는 것쯤으로 판단하고 자만했기 때문에 아이폰에 대항할 적시를 놓쳤던 것이고, 삼성전자는 아이폰의 돌풍이 나쁘지만은 않았기 때문에 제대로 대항하려는 결단이 이처럼 늦어진 것이라고 보는 시각도 있다. 그 이유는 아이폰이 돌풍을 일으킬수록 삼성전자도 덩달아 이익을 보게 되는 복잡한 생태계 때문이었다. 아이폰에 사용되는 부품 중에서 무려 30%가 삼성전자의 부품이다. 그래서 삼성전자는 아이폰의 질주가 한 편으로는 반갑기도 했다는 것이다.

하지만 더 이상 부품을 팔아서 수익을 내는 것으로 만족할 수는 없었던 것이다. 삼성전자의 휴대폰 사업이 무너질 판국에 도달하게 되었고, 삼성의 기업 이미지가 걸린 중요한 문제로 드러났기 때문이다. 결국 삼성전자는 사운을 걸고 뭔가를 만들어내야만 했던 것이다. 그것도 가장 빨리 말이다.

이 세상에서 최고의 혁신 스마트폰을 이처럼 짧은 기간에 개발해내는 조직은 삼성전자밖에 없다는 것은 아무도 부인할 수 없는 사실이다. 이것이 바로 삼성전자에는 있고, 애플에는 없는 저력이고 차이점이다. 아마도 수많은 개발자들이 몇 달 동안 퇴근을 하지 못했을 것이고, 숱한 밤을 지새우며 개발을 했을 것이다. 물론 그렇게 고생한 개발자들은 결국 엄청난 보상을 받았을 것이고, 많은 이들이 임원으로 승진을 했을 것이다. 그것이 바로 삼성의 저력이다.

적당히 일하지 않고 적당한 대우를 받지 않는 조직

삼성은 적당히 하고 적당한 대우를 받는 그런 시시한 조직이 아니다. 죽을 만큼 일을 하고 죽을 만큼, 기절할 만큼, 까무러칠 만큼 파격적인 대우를 받는 그런 조직이 바로 삼성인 것이다.

2011년 삼성그룹의 임원 인사에서 가장 이슈가 된 것은 뭐니 해도 갤럭시S 개발자들이었다. 갤럭시S를 최단기간에 최고의 제품으로 개발해 낸 이들은 이러한 파격적인 대우를 받아야 마땅한 것이다. 이 중에는 갤럭시S의 디자인을 총괄한 30대 차장도 있었다. 2010년 당시 38살의 나이로 갤럭시S의 디자인을 총괄했던 이민혁 차장은 차장에서 상무로 승진했고, 최연소 30대 임원 승진이라는 명예도 얻었던 것이다.

애플로부터 '카피캣copycat 모방꾼'이라는 모욕을 들으며 특허 침해 소송까지 당한 갤럭시S의 디자인이지만, 이민혁 상무는 "갤럭시S는 처음부터 독창적 디자인으로 출발했다."고 말한 적이 있다. 이 상무는 "갤럭시S의 디자인을 위해 수천 장 스케치를 하고 수백 번 시제품을 만들었다."며 "내가 모조품이나 만들려고 디자인하는 척 하겠느냐."고 말하기도 했다.

이건희 회장은 "삼성의 미래는 신사업·신제품·신기술에 달려 있다."며 "실패는 삼성인에게 주어진 특권으로 생각하고 도전하고 또 도전하기를 당부한다."고 2010년 3월 갤럭시S가 출시되기 3개월 전에 말했다. 전 세계적인 경제 위기를 뛰어넘기 위해 삼성 임직원들에게 도전과 혁신을 강조한 것이다.

이에 발맞추어 삼성전자는 '적당히 일하고 적당히 대우받는 그런 조직'에서 일찌감치 탈피했던 것이다. 적당히 일하고 적당히 대우받고자 하는 자는 삼성전자와 어울리지 않는 것이다. 그런 회사에서 일하고 싶은 사람들도 있을 것이다. 하지만 최소한 삼성전자는 그런 사람을 원하지 않는다. 죽을 만큼, 미칠 만큼, 열광적으로 뜨거운 열정으로 일을 하고, 그 대가로 몇 백 배를 받고자 하는 그런 사람들의 조직인 것이다.

대한민국에는 적당히 일하고 적당히 대우를 받고자 하는 조직도 있을 것이고, 대한민국을 피로사회라고 비난하는 사람들도 있을 것이다. 하지만 아무것도 하지 않고, 뚜렷한 목표와 열정도 없이 하루하루를 그냥 다람쥐쳇바퀴 돌 듯 시간이 흘러가는 대로 흘러 보내는 사람이야말로 더 피곤함을 느끼게 되어 있다는 것을 알아야 한다. 가슴 뛰는 목표를 향해 뜨겁게 질주하는 사람은 에너지가 샘솟고 힘이 넘치는 것을 경험하게 된다. 이런 사람들은 피로와 아무 관계가 없는 사람들이다. 피로마저 초월해서 살아가는 사람들이다.

이런 사람들이 없었다면 우리가 누리는 문명의 이기를 대부분 누리지 못한 채 아직도 가난을 면치 못하는 후진국에서 살아가야 했을지도 모른다. 한국인들이 이만큼 잘 살게 되고, 원조를 다시 UN에 해줄 수 있었던 것은 적당히 일하고 적당히 대우 받고자 했던 그런 사람들 때문이 아니라 미친 듯이 자신의 일에 모든 것을 걸고 지독하게 해냈던 위대한 한국인들이 있었기 때문이라는 사실을 부인할 수 없을 것이다.

아이폰이 삼성전자의 직원 수십 명을 승진시켰다

"갤럭시S가 수십 명을 승진시켰다."

삼성전자 내부에서 우스갯소리로 여기저기서 흘러나오는 이 말은 한 치의 가감도 없는 사실 그대로였다. '실적 있는 곳에 보상이 있다.'는 삼성의 인사원칙은 바로 이런 것이다. 갤럭시S를 개발하기 위해 모든 것을 건 임직원들은 결국 이 세상을 얻게 되었던 것이다. 갤럭시S 덕분에 삼성전자에서 부사장이 된 사람은 3명, 전무가 된 사람은 9명,

신임 임원이 된 사람은 19명이나 되었다. 이러한 사실에 대해 우리가 느낄 수 있는 무시할 수 없는 한 가지 사실은 삼성만의 파격적인 보상 제도이다. 이것은 다시 말해 자신의 모든 것을 쏟아부을 정도로 경쟁이 심하다는 것을 말하기도 한다.

경쟁이 심하다는 것이 나쁜 것이라고만 생각해서는 안된다. 경쟁이 없는 편안하고 안일한 환경에서 인간은 100% 나태해질 수밖에 없는 존재라는 사실은 아무도 부인할 수 없는 진리일 것이다. 경쟁을 통해, 그리고 뛰어나고 막강한 경쟁자를 통해 오히려 사람들은 더 큰 성장을 하게 된다. 그래서 경쟁을 한다는 것은 자기 자신을 최대한 발전시킨다는 것을 의미한다고 생각할 줄 알아야 한다.

삼성전자에 입사해 경쟁 속에서 자신을 최대한 발전시킨 사람과 그 사람과 비슷한 학교와 능력의 소유자였던 친구가 평범한 조직에 입사해서 평범하게 살았다고 생각해 보자. 10년 후 두 사람의 모습은 어떻게 되었을까? 물론 인생이란 아무도 장담할 수 없는 것이고 모르는 것이다. 하지만 최소한 자신을 끊임없이 발전시켜 나갔던 사람과 안일하게 안주하며 살아도 되는 그런 환경 속에서 살아갔던 사람의 차이는 매우 크다고 할 수 있을 것이다. 이건희 회장의 메기론도 이와 같은 맥락이라고 볼 수 있다.

"미꾸라지를 키우는 논 두 곳 중 한쪽에는 포식자인 메기를 넣고 다른 한쪽은 미꾸라지만 놔두면 어느 쪽 미꾸라지가 잘 자랄까. 메기를

제1부 처음에는 스마트폰의 대명사가 아이폰이 아니었다

넣은 논의 미꾸라지들이 더 통통하게 살찐다. 이들은 메기에게 잡아 먹히지 않기 위해 더 많이 먹고 더 많이 운동하기 때문이다."

지난 1993년 신경영을 시작하면서 설파한 이른바 '메기론'이다. 이와 같은 이치는 갤럭시S를 만들며 결과적으로 승진을 하게 된 이들에게도 적용시킬 수 있을 것이다. 애플의 아이폰이라는 강력한 적이 바로 포식자인 메기 역할을 했을 것이 분명하다. 그리고 갤럭시S를 통해 승진하게 된 이들은 모두 포식자인 메기, 즉 아이폰에게 잡아먹히지 않기 위해서 더 많이 노력하고, 더 많이 개발한 사람들에 불과하다는 것이다.

다시 말해 삼성전자에게 최대의 위기를 가져다 준 최강의 경쟁자였던 애플의 아이폰이 없었다면 갤럭시S를 통해 승진하게 된 이들도 역시 대부분이 승진을 하지 못했을 것이라고 말할 수 있다. 즉, 갤럭시S가 수십 명을 승진시킨 것이 아니라 애플의 아이폰이 삼성전자의 직원들을 수십 명 승진시킨 것과 같다는 것이다.

갤럭시S, 혁신을 뛰어넘는 걸작이 되다

갤럭시S는 2010년 6월 4일 금요일 싱가포르에 처음 진출했다. 2년 계약에 거의 무상으로, 계약 없이는 SG $1098(미국 달러 기준으로 약 750달러)로 출시되었다. 싱가포르에서 판매한 지 첫 주말이 끝나기 전 삼성은 '싱텔Singtel(싱가포르의 한 이동통신업체)'에서 기기가 모두 매진되었다고 발표했다. 이미 갤럭시S는 출시되기 전부터 예약판매에 있어서도 혁신을 뛰어넘는 걸작이 될 것이라고 소비자들은 알았던 것일까?

갤럭시S는 출시 6개월 만인 2010년 11월 말 전 세계적으로 800만 대 가량이 팔렸다. 최종 결산 결과 2010년 한 해 동안 천만 대 이상이 팔렸다. 갤럭시S는 국내에서도 돌풍을 일으켰다. 출시 4개월 만에 180만 대가 넘게 판매되었다. 그 해 연말까지 230만 대 이상이 팔렸다. 이것은 국내 휴대폰 사상 최단기간, 최다 판매기록을 수립한 것이다.

2010년 12월 9일, 삼성동 그랜드인터컨티넨탈호텔에서 지식경제부 주최로 '2010 대한민국 기술대상' 시상식이 열렸다. 이 자리에서 삼성전자의 스마트폰 갤럭시S가 '대한민국 기술대상'을 수상했다. 이러한 사실들은 삼성전자의 갤럭시S가 걸작 중에 걸작이라는 확실한 증거인 것이다.

갤럭시S 개발의 총 지휘를 맡았던 신종균 삼성전자 무선 사업부 사장은 2010년 6월 8일 서울 서초동 삼성전자 서초사옥에서 열린 갤럭시S 론칭 행사에서 "갤럭시S는 삼성전자와 구글, SK텔레콤이 만든 최고의 걸작이 될 것"이라며 "슈퍼 디스플레이, 슈퍼 디자인, 슈퍼 애플리케이션 등 트리플S를 통해 최고의 스마트폰 경험을 제공하겠다."고

제1부 처음에는 스마트폰의 대명사가 아이폰이 아니었다

밝힌 바 있다. 그의 말대로 갤럭시S는 고객들에게 트리플S를 통해 최고의 스마트폰을 경험할 수 있게 해주었던 것이다.

이 날 신종균 사장은 기자들과의 인터뷰에서 "갤럭시S는 스마트폰 시장에서 새로운 바람을 일으킬 만한 충분한 자격이 있는 제품이라고 생각한다. 올해 삼성은 스마트폰 시장에서 새로운 기폭제가 될 것이라고 생각한다. 올해 갤럭시S는 성장세가 두드러질 것으로 예상되는 스마트폰시장에서 새로운 위치에 자리매김할 것이다."라는 강한 자신감을 내비쳤다. 갤럭시S는 지금까지 나온 최고의 제품인 아이폰을 뛰어넘을 수 있는 최고 중에 최고라는 말이다.

삼성전자의
치열한 도전과 응전

제 3 장

삼성전자의
반격과 열정

삼성전자 갤럭시S의 무모한 모험

아이폰과 갤럭시S의 진검승부는 갤럭시S가 출시된 후 전 세계 곳곳에서 펼쳐졌다. 어떤 곳에서는 아이폰이 우세했고, 또 어떤 곳에서는 갤럭시S가 아이폰의 독주를 성공적으로 막아내고 새로운 시장을 창출하기도 했다.

삼성전자의 본격적인 반격은 갤럭시S를 통해 세계 각지에서 나타나기 시작했던 것이다. 이러한 제품의 치열한 전투를 더욱 부추겼던 것은 애플의 수장인 스티브 잡스였다. 그는 2011년 3월 공개 석상에서 삼성전자를 '카피캣copycat'이라고 공개 비난을 했다. 이때는 삼성전자의 갤럭시S가 아이폰의 독주를 성공적으로 아주 잘 막아내면서 전쟁을 치르고 있는 가장 치열했던 시기 중에 하나였다. 그러한 시점에서 애플의 CEO가 공개적으로 경쟁사에 대해 모욕적인 말을 해버린 것이다.

이러한 말을 하고 나서 한 달 후에 애플은 삼성전자에 선제공격을 한다. 2011년 4월 15일 애플은 갤럭시S를 비롯해서 넥서스S, 갤럭시탭 등이 자사의 지적재산권을 침해했다며 미국 캘리포니아 북부지방법원에 삼성전자를 정식으로 고소했다. 애플은 삼성전자의 갤럭시S와 갤럭시탭이 아이폰과 아이패드를 표절했다고 주장했던 것이다. 여기에 삼성전자는 맞불을 놓았다. 삼성전자는 애플을 상대로 맞소송 전략을 선택하면서 특허전쟁의 서막이 막을 열었고, 시장에서의 아이폰과 갤럭시S의 전투는 더 치열해져 갔다.

결국 애플의 아이폰과 삼성전자의 갤럭시S에 대한 2차전은 시장이 아닌 법정이 되었던 것이다. 그런데 이것도 또한 삼성전자에게 큰 도움을 주었다는 해석이 지배적이다. 왜냐하면 이때만 해도 삼성전자의 휴대폰 사업부는 애플에게 그렇게 큰 상대가 되지 못했기 때문이다. 다시 말해 애플은 벌써 2년 동안이나 세계 휴대폰 업계를 뒤흔들어 놓고 있는 천하무적의 새로운 강자였고, 여기에 거대 공룡 기업인 노키아도 제대로 반격을 하지 못한 채 끌려 다니는 형편이었기 때문이다.

그래서 애플의 아이폰과 스티브 잡스에게는 적이 존재하지 않았던 것이다. 그만큼 아이폰 열풍은 거대하고 강력한 것이었다는 것이 사실이었다. 그런데 삼성전자가 애플의 상대가 될 것이라고 아무도 생각하지 못했을 뿐만 아니라 삼성전자에서 갤럭시S가 출시되고 나서 해가 바뀌어도 이러한 생각은 변함이 없었던 것이다.

2009년에는 삼성전자가 스마트폰 시장에서 빅5에도 들지 못할 정도로 그 어떤 입지도 강화하지 못한 상태였다. 더군다나 다른 신생기업들과 기존 기업들이 스마트폰에서 기술력과 경험과 노하우에서 훨씬 더 강세를 보였고, 실제로 앞서 나가고 있었다. 대표적인 업체가 대만의 일개 휴대폰 하청업체였던 HTC이다. 삼성의 갤럭시S가 출시되기 전에도 어느 정도 우수한 스마트폰들은 끊임없이 나왔다. 그래서 갤럭시S는 아이폰과 맞짱을 뜨기 위해서는 먼저 기존에 나와 있던 우수한 스마트폰을 월등하게 넘어서야 했다.

2010년 영국의 IT 전문잡지 『T3』는 올해 최고의 IT기기를 선정하여 'T3 가젯 어워드 2010'을 발표했는데, HTC의 스마트폰인 '디자이어Desire'가 선정되기도 했다.

HTC는 2010년만 해도 미국에서 발표된 시장조사기업 J.D.파워&어소시에이츠의 소비자 만족도 조사 결과에서, 애플과 모토로라에 이어 3위에 링크될 정도로 스마트폰 시장에서 새로운 강자였다. HTC의 성장 속도는 사실 애플만큼 대단했다. 2004년 매출인 1조를 조금 넘었지만, 5년 후에는 열배 정도인 10조 원을 돌파했다. 이뿐만 아니라 블랙베리 제조업체였던 RIM^{Research In Motion}은 2009년 4분기 스마트폰 시장 점유율에서 2위를 차지할 정도로 막강한 스마트폰 제조업체이다. 이 당시에 스마트폰 시장점유율 1위는 여전히 노키아였고, 애플은 3위, 모토로라는 4위였다.

그래서 노키아의 입장에서는 애플의 아이폰도 다른 신생업체들 중에 하나의 제품쯤으로 충분히 간주될 수 있었던 것이다. 이것이 바로 노키아가 적시에 대처를 하지 못했던 가장 큰 병폐였던 것이다. 1등의 자만이 부른 결과라고 할 수 있다. 이처럼 삼성전자 스마트폰의 갈 길은 멀고도 험했다. 애플과 제대로 맞장을 뜨기 위해서는 스마트폰 시장에서 앞서 나가 있는 애플을 제외한 4개 업체들의 우수한 제품들과 경쟁을 해야 했던 것이다. 그렇다면 이 당시에 삼성전자의 입지가 얼마나 약했는가를 확실하게 알 수 있게 되었을 것이다.

2010년 6월에 출시된 스마트폰 시장에서 빅5에도 들지 못했던 삼성전자의 스마트폰이 쟁쟁한 기업들의 스마트폰을 꺾으면서 2012년 1분기에 스마트폰 시장 1위와 전체 휴대폰 업계 1위를 차지한 것은 엄청난 도약이라고 할 수 있다.

즉 스마트폰 빅5에도 들지 못했던 삼성전자가 아이폰의 대항마를 만들기 위해 모든 것을 걸고 총력전을 펼친 것은 '무모한 도전'에 불과했다. 하지만 삼성전자는 그러한 무모한 도전을 위대한 도전으로 바꾸어 놓았던 것이다.

고소당하고 브랜드 인지도가 급상승한 기업?

인간은 역사를 통해 많은 것을 배우는데, 특히 삶의 지혜와 교훈을 배운다. 그래서 역사 공부는 반드시 해야 하는 것이라고 말을 하는 듯하다. 그런데 바로 몇 년 전 애플과 삼성의 스마트 대전이라는 비교적 짧은 역사를 통해서도 많은 것을 배울 수 있다. 많은 이들이 배울 수 있는 것 중에 하나는 의외로 포용력과 처세법이다.

만약에 애플의 스티브 잡스가 공개적으로 삼성전자를 비롯한 안드로이드 진영에 대해 '카피캣copycat'이라고 비난하지 않고, 고소도 하지 않았다면, 지금 삼성전자의 갤럭시S는 최고 중에 최고로 정상을 차지하지 못했을지도 모를 일이다.

애플이 2011년 4월에 삼성전자에 대해 고소를 하는 바람에 전 세계인들의 인식에는 큰 변화가 왔던 것이다. 그리고 그 변화는 2년 넘게 스마트폰의 최대 강자인 애플에게 위협을 주는 새로운 강자가 나타난 것이 아닌가? 하는 생각이었던 것이다. 이 당시만 해도 아무리 삼성전자의 갤럭시S가 걸작으로 시장에 나왔다고 해도 애플의 아이폰 독주를 완전하게 막아내지는 못했던 것이다. 아이폰의 브랜드 이미지와 2

년 넘게 세계인들에게 큰 감동과 가치, 그리고 혁신과 스마트폰 세상이라는 새로운 문명의 이기를 던져준 기업의 위상은 너무나 높은 것이기 때문이었다.

하지만 애플은 스스로 이러한 브랜드의 명성과 위상을 깎아내리는 행위를 해버렸던 것이다. 세계 최고의 IT 혁신 기업인 애플에 '맞짱' 뜰 수 있는 기업이라고 생각하지 않았던 삼성전자로 하여금 그것이 가능한 기업이라는 이미지를 가지게 해주는 일을 스스로 해버렸다는 것이다.

이때만 해도 삼성전자라는 브랜드의 이미지와 명성은 애플과 비교해서 게임도 되지 않을 정도로 미미한 것이었다. 그런데 애플의 고소를 통해 전 세계인들은 삼성전자가 세계 최고 IT 기업인 애플과 '맞설 수 있는 기업'이라는 이미지를 가지기 시작했고, 이러한 생각은 삼성전자의 대항마인 갤럭시S에 대한 관심으로 자연스럽게 옮겨졌던 것이다. 세계 최고 IT 기업인 애플과 삼성전자의 특허 분쟁 소식은 하루가 멀다 하고 전 세계 매스컴을 통해 보도되었고, 이로 인해 가장 큰 득을 본 회사는 바로 삼성전자였던 것이다. 삼성전자의 브랜드 이미지는 급상승했고, 갤럭시S의 광고 효과는 말로 표현할 수 없을 정도로 엄청난 것이 되었다. 2년 넘게 세계 최강의 스마트폰으로 군림했던 아이폰과 특허 분쟁을 벌이는 삼성전자의 또 다른 스마트폰에 세계인들이 관심을 가지게 된 것은 자연스러운 일이다.

"과연 어떤 스마트폰이기에 아이폰을 베꼈다는 것이지?"

"정말 아이폰을 카피했을까? 뭐지?"

"정말 아이폰을 베꼈다면 아이폰만큼 혁신적이라는 것인데? 과연 그 럴까? 궁금하다."

아이폰의 충성고객들조차도 삼성전자의 갤럭시S에 관심을 가지기 시작했고, 그러한 관심은 결국 소비자들의 비교 전쟁이라는 3차전으로 확산되었던 것이다. 그래서 인터넷에서는 삼성전자의 갤럭시S와 애플 의 아이폰에 대해 비교를 하면서 어느 제품이 더 좋고, 어느 제품이 더 가지고 싶은가에 대해 마치 경쟁을 하듯 수많은 글들이 올라오기 시작 했고, 이것은 결국 상대적으로 인지도가 낮았던 삼성전자에게 큰 기회 로 작용하게 되었던 것이다.

갑자기 인류에게 스마트폰 시대를 열어준 세계 최고의 혁신 제품 아 이폰과 1대 1로 경쟁을 벌일 수 있는 스마트폰으로 삼성의 스마트폰이 급부상하게 되었던 것이다. 삼성전자는 처음부터 의도하지 않았음에 도 결과적으로 특허전쟁을 브랜드 인지도 상승으로 연결시킬 수 있었 던 것이라고 생각해 볼 수 있다.

휴대폰 업계의 판도가 흔들리다

세계의 휴대폰 업계 판도가 가장 요동쳤던 한 해는 단연 2011년이었
다. 이때는 애플의 아이폰이 출시된 후 3년 정도의 시간이 흘렀고, 그
만큼 애플의 업계 영향력이 최고조로 달아올랐던 해였다. 그리고 무엇
보다 애플의 급속한 순위 상승이 분기마다 거듭되었던 그런 해였다.
그래서 휴대폰 업계의 순위는 말 그대로 요동쳤고, 분기별로 자리바꿈
이 일어났던 해이다.

2011년 1분기 때의 휴대폰 업계 순위를 살펴보면, 13년 동안 1위 자
리를 확고하게 지켜온 노키아는 여전히 1위이다. 하지만 휴대폰 시장
의 빠른 성장세에 반해서 2004년 3분기 이후로 최저 점유율을 기록할
정도로 성적은 나빴다.

노키아는 예전과 같은 절대강자 면모를 잃게 되었다. 바로 애플의
아이폰 때문이라고 생각할 수 있다. 2011년 1분기 노키아의 휴대폰 판
매량은 1억850만 대로 집계되었다. 점유율은 30.4%를 기록했다. 판
매량은 전분기대비 12.3%, 점유율은 전분기대비 0.5%포인트 하락했
다. 노키아는 2007년 3분기 점유율 30.7%를 기록한 이후 2008년 2분기
41.0%를 차지하는 등 줄곧 30%대 점유율을 보였다. 2위 업체인 삼성전
자도 상황은 다르지 않다. 3분기 만에 다시 19%대 점유율로 내려갔기
때문이다. 삼성전자는 2011년 1분기 휴대폰 판매량이 6890만 대로 집

계되었다. 점유율은 19.3%로 1등과는 확연한 차이가 났다. 전분기대비 판매량과 점유율이 모두 각각 14.6%와 0.9%포인트 떨어졌다. 삼성전자는 갤럭시S를 출시하여 가장 왕성하게 판매하고 있었음에도 최근 7분기 동안 가장 낮은 점유율을 보였다. 지난해 3분기 20%대 점유율을 나타낸 뒤 3분기 만에 20% 달성에 실패한 것이 되었다.

3위였던 LG전자도 똑같은 상황이었다. LG전자의 점유율이 전기 7.6%에서 6.9%로 0.7%포인트 내려갔다. 그리고 2010년 2분기 9.6% 점유율 이후 계속 하락세를 보이고 있는 것이다. 7%대 점유율은 지난 2008년 3분기 7.6% 이후 10분기만이다.

이렇게 휴대폰 업계의 상위 3개사의 부진 속에 나 홀로 성장세를 나타내는 기업은 애플뿐이었다. 애플은 2007년에 처음으로 휴대폰 사업에 뛰어들었다. 그런데 4년 만인 2011년 1분기에 5.2%의 점유율을 기록하면서 업계 4위가 되었다. 하지만 애플이 업계 4위로 도약한 것은 이번이 처음이 아니다. 업계 4위 업체였던 중국의 ZTE와 엎치락뒤치락하며 경쟁을 하고 있기 때문이다. 하지만 이러한 순위 판도보다 더 중요한 것은 더 이상 업계 빅5라는 것이 의미가 없어질 정도로 휴대폰 업계의 상황이 바뀌었다는 사실이다.

이러한 업계 판도의 변화는 애플이 아이폰을 내세워 꾸준히 돌풍을 불러일으키면서 판매량 중심의 순위가 더 이상 의미가 없어지는 변곡점을 제공했기 때문이다. 그동안은 판매량과 순이익이 어느 정도 비례

제2부 삼성전자의 치열한 도전과 응전

했고, 그 결과 판매량은 곧 순이익을 대변했다. 하지만 애플의 아이폰은 판매량은 작아도 순이익은 비정상적으로 기존 업체에서 찾아보기 힘들 정도로 많았기 때문이다. 또 한 가지 이유는 휴대폰 시장이 스마트폰 중심으로 새롭게 개편되어가고 있기 때문이기도 했다.

휴대폰 업계의 거대 공룡 노키아가 무너지기 시작하다

수십 년 넘게 이어온 휴대폰 업계의 질서가 무너지고 새로운 스마트폰 중심으로 재편되어 가는 혼란의 시기에 휴대폰 업계에서 가장 큰 변화는 스마트폰의 상징과도 같았던 거대 공룡 노키아의 몰락이었다. 휴대폰 업계에서 1위와 3위를 했던 노키아와 LG전자가 2010년과 2011년을 지나오면서 2012년에는 나란히 추락을 경험했기 때문이다. 그러던 와중에 애플의 아이폰만 계속해서 질주를 계속해 나가고 있었던 것이다.

휴대폰 업계 3위였던 LG전자는 2009년도 3분기 시장 점유율 10.3%를 차지하며 글로벌 휴대폰 점유율 순위 3위였지만, 3년 뒤인 2012년에는 점유율이 3.3%로 급감하면서 5위까지 내려오게 되었다. 거대 공룡 기업 노키아도 역시 무너지기 시작했다.

"삼성은 2012년 1분기에 노키아를 누르고, 세계 최대의 휴대폰 제조 업체로 등극했다."

"시장조사기관인 스트래티지 애널리틱스의 최근 조사에 따르면 2012년 1분기의 전 세계 휴대폰 출하량이 3퍼센트 성장을 보여, 3억 6천 8백만 대에 육박한다고 보도했다. 삼성전자는 이 기간 동안 최고 의 실적을 낸 회사였다. 삼성전자는 처음으로 세계 휴대폰 시장의 시 장 점유율 25%을 기록하면서, 세계 1위 휴대폰 제조업체로 등극했다."

"Samsung Overtakes Nokia to Become World's Largest Handset Vendor in Q1 2012"

"Boston, MA-April 27, 2012-According to the latest research from Strategy Analytics, global handset shipments grew a modest 3percent annually to reach 368 million units in the first quarter of 2012. Samsung was the star performer during the quarter, capturing a record 25 percent marketshare to become the world's number one handset vendor for the first time ever."

(출처: http://www.strategyanalytics.com/default.aspx?mod=pressreleaseviewer&a0=5211)

제2부 삼성전자의 치열한 도전과 응전

스트래티지 애널리틱스Strategy Analytics의 2012년 4월 27일자 기사를 보면 삼성전자는 노키아를 넘어섰음을 알 수 있다. 노키아는 1988년부터 2011년까지 14년간 지켜온 1위 자리를 삼성에 넘겨주게 되었던 것이다. 무려 14년 동안 업계 1위 자리를 지켜온 노키아는 결국 2012년을 맞아 삼성에게 추월당하고 말았던 것이다.

또 스트래티지 애널리틱스Strategy Analytics가 발표한 자료에 따르면 삼성전자는 2012년 올 1분기(1~3월) 글로벌 휴대폰 시장에서 9350만 대를 판매했으며, 시장점유율은 25.4%를 기록해, 노키아(22.5%)를 2위로 밀어내고 처음으로 세계 1위 자리에 올랐다. 14년 동안의 노키아 1위 시대는 이제 종식을 선언하게 되었던 것이다.

거대 공룡 기업은 무너지고, 삼성전자는 정상에 오르기 시작했던 것이 바로 2012년 1분기의 일이었다.

하지만 삼성전자가 이렇게 될 수 있도록 기여해 준 스마트폰 경쟁력이 처음부터 삼성전자가 가지고 있었던 경쟁력은 아니었다는 사실에 주목해 보아야 한다. 3년 전만 해도 세계 스마트폰 시장에서 삼성전자는 5위도 하지 못할 정도로 존재감이 드러나지 않았고, 실제로 기술력도 뛰어나지 못했던 것이 사실이다.

글로벌 휴대폰 출하량	2011년 1분기	2012년 1분기
삼성전자	68.9	93.5
노키아	108.5	82.7
애플	18.6	35.1
기타	160.4	156.7
전체	356.4	368.0
글로벌 휴대폰 시장점유율(%)	2011년 1분기	2012년 1분기
삼성전자	19.3%	25.4%
노키아	30.4%	22.5%
애플	5.2%	9.5%
기타	45.0%	42.6%
전체	100.0%	100.0%
글로벌 휴대폰 출하량 성장률(연간 성장률, %)	19.4%	3.3%

| 2012년 1분기 글로벌 휴대폰 점유율 |
출처 : 스트래티지 애널리틱스(Strategy Analytics)

패스트 팔로워에서 퍼스트 무버가 되다

전 세계 스마트폰 시장의 점유율을 기준으로 살펴볼 때 삼성전자 스마트폰의 도약은 정말 3년 동안 기적 중에 기적이라고 말해도 될 것 같다.

2010년 2월 4일 발표된 IDC^{Internet data center}사에 의한 2009년 4분기 전

세계 스마트폰 점유율 순위를 보면 놀라지 않을 수 없을 것이다. 삼성전자는 5위에 조차랭크되지 못할 정도로 스마트폰 점유율에서 6위 밖으로 밀려나 있었기 때문이다. 이때만 해도 삼성전자는 그저 일반 휴대폰만 많이 만들어 판매하여 수익을 창출하는 그런 패스트 팔로워의 이미지가 강했고, 실제로 그랬기 때문에 스마트폰과 같은 혁신 제품을 만들어 세계 정상이 된다는 것은 상상도 못할 정도의 일이었다.

순위	제조사	2009년 4분기 출하량	2009년 4분기 시장점유율	2008년 4분기 출하량	2008년 4분기 시장점유율	동기 대비 성장률
1	노키아	20.8	38.2%	15.1	38.5%	37.7%
2	RIM	10.7	19.6%	7.6	19.4%	40.8%
3	애플	8.7	16.0%	4.4	11.2%	97.7%
4	모토로라	2.5	4.6%	1.6	4.1%	56.3%
5	HTC	2.4	4.4%	2.2	5.6%	9.1%
	기타	9.4	17.2%	8.3	21.2%	13.3%
	총합	54.5	100.0%	39.2	100.0%	39.0%

| 2009년 4분기 Top5 스마트폰 제조업체 출하량과 시장점유율 (단위 : 백만대) |
출처 : IDC(Internet data center)

이 표를 보면 2009년 4분기에 가장 많은 스마트폰 시장을 점유한 기업은 최강 공룡 기업인 노키아로 38.2%의 높은 점유율을 차지하고 있었고, 이어서 블랙베리가 19.6%, 애플이 16%, 모토로라가 4.6%, HTC가 4.4%로 각각 2위와 3위, 4위, 5위를 차지하고 있었던 것이다. 삼성전자는 스마트폰처럼 첨단 제품의 개발과 생산, 판매에서는 세계 5위에도 들지 못할 정도의 기업이었다. 이것이 3년 전의 일이라는 사실에 또 한 번 놀라지 않을 수 없을 것이다. 그런데 삼성전자의 스마트폰 시장점유율이 갤럭시S가 출시되고 나서인 2010년 4분기 때와 2011년 1분기 때는 판매량에서 1.8%에 12.8%로 도약하고 있음을 알 수 있다.

2011년 1분기 순위	브랜드	2010년 1분기 출하량	2010년 4분기 출하량	2011년 1분기 출하량	2011년 1분기 시장점유율	2011년 1분기 연속 성장률
1	노키아	21.5	28.3	24.2	24.9%	−14.5%
2	애플	8.8	16.2	18.6	19.2%	14.9%
3	RIM	10.5	14.2	14.8	15.2%	4.2%
4	삼성	1.8	12.8	12.6	13.0%	−1.6%
5	HTC	3.0	9.0	9.6	9.9%	6.2%
6	모토로라	2.4	4.9	4.1	4.2%	−16.3%
7	LG	0.6	2.5	4.0	4.1%	60.0%
8	소니	1.3	2.3	2.5	2.6%	8.7%
9	샤프	0.7	1.3	1.4	1.4%	7.9%

10	NEC	0.7	0.9	1.0	1.0%	9.9%
	기타	4.6	6.2	4.4	4.5%	−30.0%
	총합	55.8	98.7	97.2	100.0%	−1.5%

| 글로벌 Top10 스마트폰 브랜드 순위 (출하량에 따른 순위, 단위 : 백만대) |
출처 : IHS isuppli

드디어 휴대폰 업계 1위가 되다

2012년은 삼성전자에게 또 한 번의 기념비적인 해로 기록될 것이다. 삼성전자의 휴대폰 사업이 세계를 제패한 해이기 때문이다. 14년 동안 휴대폰 1위를 지켜온 거대 공룡 노키아를 제치고 1위로 등극한 삼성전자는 분기마다 기록 경신을 해 나가고 있다. 특히 2012년 3분기 스마트폰 판매 수익을 살펴보면 세계적인 기업들이 모두 적자를 기록했고 유일하게 삼성전자와 애플만이 수익을 올린 것으로 드러났다.

미국의 투자분석업체인 캐너코드 제누이티에 따르면, 2012년 3분기 삼성전자와 애플의 수익을 합한 것이 모바일 산업 전체의 106%라는 경이적인 기록을 달성한 것으로 나타났다. 이 두 회사만으로 100%가 넘는 수익을 올리는 것이 가능했던 이유는 무엇일까?

그것은 경쟁회사들인 리서치인모션RIM, 노키아, 모토로라 등이 그어떤 수익도 올리지 못했을 뿐만 아니라 오히려 큰 손실을 기록했기 때문이다.

세계적인 시장 조사 기관인 IDC에서 조사한 것을 토대로 볼 때 삼성전자는 2012년 세계 정상에 확실하게 올라섰다. 애플의 아이폰도 확실하게 넘어섰음을 그림을 통해서도 알 수 있다.

제조사	2012년 3분기 출하량	2012년 3분기 시장점유율	2011년 3분기 출하량	2011년 3분기 시장점유율	연간 성장률
삼성	56.3	31.3%	28.1	22.7%	100.4%
애플	26.9	15.0%	17.1	13.8%	57.3%
리서치인모션	7.7	4.3%	11.8	9.6%	−34.7%
ZTE	7.5	4.2%	4.1	3.3%	82.9%
HTC	7.3	4.0%	12.7	10.3%	−42.5%
기타	74.0	41.2%	49.9	40.3%	48.3%
총합	179.7	100.0%	123.7	100.0%	45.3%

| 2012년 3분기 Top5 스마트폰 제조사 출하량 및 시장점유율 (단위 : 백만대) |
출처 : IDC(Internet data center)

2012년 3분기의 스마트폰 시장 점유율을 보면 1등은 삼성전자이고, 31.3%라는 큰 격차로 2등인 애플을 따돌리고 있다. 2등인 애플은 15.0%로 삼성전자의 반 정도의 시장을 점유하고 있는 것으로 나온다.

제2부 삼성전자의 치열한 도전과 응전

그 다음으로 3위부터 5위 기업인 RIM과 ZTE, 그리고 HTC가 4.3에서 4.0이라는 미미한 수준으로 시장을 점유하고 있다. 이러한 추세는 당분간 지속될 것으로 전망되기 때문에 더욱 삼성전자의 정상 등극은 빛을 발하고 있는 것인지도 모른다.

위기는 삼성에게 새로운 기회를 제공했다

삼성전자는 2012년 세계적 경영 컨설팅업체인 '부즈 앤 컴퍼니^{Boos & Company}'가 매년 선정하는 '글로벌 10대 혁신 기업' 선정에서 2011년보다 3계단 상승한 4위로 선정되었다.

'부즈 앤 컴퍼니'는 700개의 글로벌 기업들을 대상으로 세계에서 가장 혁신적인 기업에 대한 조사를 하고 평가를 한다. 그 결과를 매년 발표하고 있는데, 삼성전자의 가장 강한 상대였던 애플은 여전히 3년 연속 1위를 차지하고 있다.

애플에 이어 구글과 100년 장수 혁신 기업인 3M이 각각 2위와 3위로 선정되었다. 그 뒤를 이어 삼성전자가 2012년 4위로 이름을 올리게 된 것이다. 이러한 성과는 최근 3년 동안 급속하게 눈에 띄게 혁신 기업으로 도약하고 삼성전자의 면모를 느끼게 해준다. 그리고 이것은 삼성전자의 스마트폰이 3년 만에 43배나 성장한 것과 무관하지 않다.

그리고 삼성전자가 그렇게 3년 동안 글로벌 경기 침체 속에서도 괄목상대할 만큼 눈부신 성장을 할 수 있었던 것은 바로 그 기간이 위기의 시기였기 때문이다. 그 3년 동안 휴대폰 업계의 판도가 흔들렸고, 14년 가까이 독보적인 1위를 차지하며 세계를 호령했던 거대 공룡 기업 노키아가 정상의 자리에서 물러나게 되었고, 거의 모든 휴대폰 기업들이 위기를 맞이하게 되었던 것이다.

2012년 3분기에 삼성전자는 사상 처음으로 휴대폰에서만 5조 원이 넘는 영업이익을 거뒀다. 3분기 매출은 52조 1800억 원, 영업이익은 8조 1200억 원으로 2분기 연속 사상 최대 실적을 경신했다. 특히 갤럭시S3를 비롯한 스마트폰 판매가 전 분기보다 10% 이상 늘면서, IT모바일 사업부에서만 전체 영업이익의 70%에 가까운 5조 6300억 원의 영업이익을 올렸다고 언론은 보도하고 있다. 이러한 성장세를 토대로 갤럭시 시리즈 열풍이 계속 이어져 2013년에도 역시 삼성전자의 질주가 예상된다. 하지만 중국의 신형 스마트폰 업체들과 국내 기업들의 새로운 도전과 반격 또한 만만치 않을 것으로 예상된다. 한 마디로 1년 후, 3개월 후를 그 어떤 기업도 장담할 수 없는 것이 바로 최첨단 IT 기기로 대변되는 스마트폰 시장이 아닐 수 없는 것이다.

삼성전자는 2013년 스마트폰 판매 목표를 3억5000만 대로 잡았다. 일반폰(피처폰)까지 포함해 연간 5억 대 이상 휴대폰을 팔아 독보적인 휴대폰 1위 기업이 되겠다는 야심찬 목표와 전략인 것이다. 하지만 필자가 보기에는 이러한 목표가 너무 큰 목표라고 여겨진다. 그것은 경쟁 업체들이 더욱 더 거센 반격을 준비하고 있기 때문이다. 그야말로 스마트폰 춘추전국시대가 될지도 모른다. 즉 삼성의 독주가 이어질 확률과 다른 새로운 경쟁자들의 반격이 성공하여 스마트폰 시장을 나눠먹기 할 확률이 반반이라는 것이다. 이런 불투명하고 치열한 스마트폰 시장에서 삼성전자의 올해 목표치는 너무 장밋빛이다.

시장조사기관 가트너는 올해 삼성전자의 스마트폰 판매 전망치를 2억5000만 대에서 3억 대 정도로 잡았다. 그렇기 때문에 삼성전자의 올해 목표는 5000만 대에서 1억 대나 초과하는 매우 야심차고 공격적인 목표치가 아닐 수 없다.

하지만 결과는 뚜껑을 열어보기 전에는 누구도 장담할 수 없다. 삼성은 불과 3년 전인 2009년에는 640만 대라는 초라한 성적을 냈다. 아무도 이러한 삼성전자가 스마트폰 세계의 1위가 될 것이라고 상상하지 못했다. 삼성전자는 경이로운 성과를 창출해 낸 기적의 역군인 것이다. 그렇게 약세였던 삼성전자의 스마트폰 판매는 2010년에 2390만 대, 2011년 9740만 대로 매년 경이로운 성장을 하고 있는 것이다.

제 4 장

삼성전자의 끊임없는 도전과 혁신

만드느냐 아니면 죽느냐

"죽느냐 사느냐, 그것이 문제로다To be or not to be, that is question."

'인간이란 무엇인가?'에 대해 가장 잘 보여준 작가셰익스피어의 4대 비극 중에 하나인 「햄릿」에 나오는 명대사이다. 보통 '죽느냐 사느냐'로 해석하지만, 필자는 '이대로 당할 것인가 아니면 반격하여 다른 삶을 살 것인가'로 해석하고 싶다. 결국 극 중에서 주인공 덴마크의 왕자인 햄릿은 결단력 있는 행동을 보여 주지 못한다. 미루고 또 미루다가 결국 죽지 않아도 될 7명의 아까운 목숨이 죽게 되는 엄청난 비극이 발생하고 만다. 「햄릿」을 통해 많은 것을 배울 수 있고 생각해 볼 수 있을 것이다. 그 중에서도 결단력 있게 행동하지 않을 때 모든 상황은 자신에게 가장 불리하게 돌아갈 수 있고, 그것은 바로 엄청난 파멸로 이어지게 된다는 사실일 것이다.

충분한 기술력과 자본력이 있었던 거대 공룡 기업인 노키아가 바로 햄릿과 같이 애플의 아이폰에 총력을 기울여서 대항할 수 있는 시기를 놓치지 않았다면 지금도 여전히 노키아는 세계 휴대폰 시장에서 1위를 지속해 나갈 수 있었을 것이다. 애플의 아이폰이 처음 출시되어 약간의 이슈화가 될 때에도 노키아는 전혀 위기감을 느끼지 않았다. 노키아는 그저 자신의 계획대로 휴대폰과 스마트폰을 만들어 나갔던 것이다. 하지만 그렇게 하다가 충분히 반격할 수 있었고, 아이폰의 돌풍을 저지할 수 있는 아까운 때를 놓치게 되고 말았던 것이다.

하지만 이러한 상황은 삼성전자도 마찬가지였다. 노키아와 같은 위대한 기업에서 위기의식을 느끼지 않은 것은 그 당시에는 정말로 반짝 이슈와 같은 것이라고 전 세계 전문가들이 내다보았기 때문이다. 그리고 삼성전자 역시 처음에는 그렇게 생각했다.

가장 무서운 적은 자신의 위험성과 공격력을 100% 다 보여주는 적이 아니다. 그것을 보여 주는 적은 상대로 하여금 준비하고 대비할 수 있도록 해줄 뿐이다. 진짜 무서운 적은 자신의 힘을 완벽하게 숨기고 있다가 적이 방심할 때 한 번에 일격을 가하는 것이다.

애플이 의도하지는 않았을 것이라고 생각되지만 애플의 아이폰이 처음에 휴대폰 업계에 출시되었을 때 대부분의 전문가들은 잠시 잠깐의 반짝 이슈일 것이라고 생각했다. 정보력이 강했던 삼성전자 역시 아이폰이 2년 넘게 열풍을 일으키고 있어도 그저 반짝 이슈 혹은 반짝 인기일 것이라고 평가했다는 것이 사실이다. 삼성전자의 최지성 사장이 아이폰 열풍에 대해 "극성스런 네티즌에 의한 반짝 인기"라고 말한 것을 보면 삼성전자를 비롯한 대부분의 휴대폰 업체에서 처음부터 위기를 느낀 것은 아니라는 것을 충분히 짐작할 수 있다.

하지만 2009년 11월 말 아이폰이 한국에 들어오고, 한국인들마저 아이폰 열풍에 휩쓸리는 것을 본 삼성전자는 이때부터 조금씩 위기감을 느끼기 시작했을 것이다. 휴대폰 업체는 빠르게 스마트폰 체제로 개편되고 있었기 때문이다. 가장 다행스러운 것은 한국의 기업 중에 하나인 삼성전자가 늦은 가운데에서도 다른 휴대폰 업체보다 훨씬 더 결단력 있는 행동을 보여 주었다는 점이다. 삼성전자는 '이대로 당할 것인가? 아니면 제대로 된 제품을 만들어 반격을 할 것인가?'라는 중차대한 기로에 서서 후자를 선택했고, 발 빠르게 움직였을 뿐만 아니라 모든 것을 걸고 총 역량을 집결했던 것이다.

급변하는 변혁의 시기에 가장 중요한 것은 실력이나 능력, 기술력이나 자본보다 올바른 선택과 결단이다. 아무리 좋은 기술력과 자본을 가지고 있는 기업이더라도 적시에 올바른 대응을 하지 못할 경우 결국에는 무너질 수밖에 없다는 것을 노키아를 통해 배울 수 있을 것이다. 애플의 아이폰이 돌풍을 일으키기 시작했을 때 '대항마를 만드느냐 아니면 그냥 무시하고 이대로 있을 것인가'에 대한 올바른 자각과 결단력이 있었다면 지금의 휴대폰 판도는 또 달라졌을 수도 있었을 것이라고 생각한다.

'맨땅에 헤딩하는 정신'이 만든 쾌거

18년 전인 1994년에 삼성전자 공채 33기 신입사원들이 삼성그룹의 신입사원 합숙교육을 받고 어떻게 평범한 신입사원들이 비범한 초일류 비즈니스맨으로 만들어져가는지에 대해 소설로 쓴 책이 나와서 화제가 된 적이 있다.

비록 오래전에 나온 책이라서 절판이 된 상태이지만 이 책의 이름은 『맨땅에 헤딩하기』이다. 이 책의 주된 내용은 제목에서도 느낄 수 있을 정도로 불가능한 것처럼 보이는 일에도 결단하고 도전하는 정신을 통해 자기 자신을 넘어서고, 자신이 할 수 없었던 일까지 해내게 됨으로써 비범한 인재로 도약하게 된다는 내용을 위주로 하고 있다. 이런 내용을 토대로 하여 '삼성 사관학교'라 불리는 삼성의 입문교육, 하계수련대회,

업무배치에 이르는 10개월간의 연수과정을 통해 발생된 재미있는 에피소드를 중심으로 다큐멘터리 소설 형태로 꾸며졌다.

1994년이면 삼성전자가 초일류 기업도 아니었을 뿐만 아니라 일류 기업조차 아니었을 때의 일이다. 이런 점을 고려해볼 때, 지금의 삼성을 이끌고 있는 간부급 인재들은 모두 이 당시의 도전과 모험정신을 배운 즉 '맨땅에 헤딩하는 정신'이 어느 정도 있는 인재들이라고 말할 수 있다. 이 당시의 교육 중에 가장 무데뽀 정신을 일깨워 주는 교육은 신입사원들을 위한 현장연수교육이었다. 이 교육은 거의 1년간 명함도 없는 연수생들이 공장이나 거리나 외딴섬을 찾아다니면서 사회의 밑바닥, 사회의 성질, 사회의 냉혹함 등을 배우도록 하는 교육이다. 한 마디로 맨 정신이 없는 사람은 견뎌내기 힘든 교육이었다. 지금 삼성전자가 세계를 호령할 수 있었던 것도 바로 삼성맨들에 속에 흘러내리는 야성과 같은 이러한 정신이 있었기에 가능했다고 감히 말할 수 있을 것이다.

반도체를 시작할 때 삼성전자에는 그 어떤 반도체 기술도, 인력도, 장비도, 노하우도 전무한 상태였다. 휴대폰사업을 시작할 때도 삼성전자에는 그 어떤 축적된 기술도, 노하우도, 인력도, 장비도 전무했다. 그냥 맨 정신으로, 맨 땅에 헤딩하여 일구어낸 기적과 같은 일이라고 밖에는 지금의 성과를 설명할 수 있는 방법은 없다고 할 수 있다. 특히 삼성전자의 휴대폰이 일구어낸 성과는 더더욱 이러한 정신이 빚어낸 결과라고 말할 수 있다. 이러한 정신의 가장 중요한 핵심은 생각이 너무 많아서 이리 저리 좌면우고하는 사람들이나 기업들이 시작도 하지 못하고 있을 때 벌써 수십 번을 더 실패하고 시행착오를 통해서 시작도 못한 이들이 상상도 못 할 정도의 기술과 노하우와 경험을 축적해 버린다는 것이다.

미국에서 가장 일하기 좋은 기업 중에 하나인 사우스웨스트 항공사는 『포춘』이 선정하는 미국에서 가장 존경받는 기업이기도 하며, 단 한 명의 직원도 정리해고 하지 않은 회사이다. 뿐만 아니라 장기 경기 침체에서도 나 홀로 성장을 기록하는 보기 드문 항공사이다. 9·11 테러, 이라크 전쟁 가능성으로 각종 악재에 불황을 겪었던 시기를 포함하여 한 번도 적자를 내지 않은 이 항공사의 허브 켈러허Herb Kelleher 회장은 미국에서도 최고 경영자로 손꼽히는 탁월한 경영자이기도 하다. 그에게 그 비결을 물어보면 이렇게 대답한다.

"우리는 전략이 있다. 그것은 '무조건 하고 본다.'는 전략이다."

우물쭈물하고 망설이기보다는 먼저 실패하고, 그 실패 경험을 통해 더 많은 것을 배우고 축적하여 더 나은 도전에 이어가는 전략이 최고의 전략인 것이다. 그래서 위대한 개인이나 기업은 모두 평범한 개인이나 기업들이 단 한 번도 실패하지 않았을 때조차 수십 번도 더 실패를 통해 엄청난 것들을 배우고 익히고, 그것을 오롯이 더 나은 도전에 활용하였던 것이다.

'비틀스 이후 가장 큰 성공을 거둔 영국 제품'이라는 찬사를 받는 다이슨 진공청소기는 영국 가정의 세 집 가운데 한 집이 보유하고 있을 정도이고, 영국에 이어 미국 시장에서도 대성공을 거두었다. 영국의 스티브 잡스로 꼽히는 발명가 제임스 다이슨James Dyson이 먼지 봉투 없는 이 진공청소기를 개발할 때 그는 1979년부터 이미 무려 5년 동안 5126번의 실패를 경험한 상태였다. 하지만 또 다시 도전하여 결국 5127번째 성공을 해낸 것이다.

'계속해서 실패하는 것, 그것이 바로 성공에 이르는 길이다.'

이 사실을 삼성전자와 삼성맨들은 체질적으로 알고 있었던 것이다.

필자는 삼성전자에 있는 이러한 정신이 세계적인 경영사상가인 짐 콜린스가 최근에 발표한 책『위대한 기업의 선택』에서 위대한 기업에게만 있는 '광적인 규율fanatic discipline'이란 요소와 일맥 상통하다는 것을 발견했다.

그는 스티브 잡스가 애플에 다시 복귀하여 적자에 허덕이던 회사를 다시 살려낸 비결은 '밤낮으로 일하는 기풍'이라는 엄격하고 광적인 규율을 다시 만들 수 있었기 때문이라는 새로운 주장을 했다. 삼성전자에는 되든 안 되든 달려들어 해내고야 마는 그런 기풍, 즉 '맨 땅에 헤딩하기'라는 기풍이 있다. 그것은 이건희 회장이 주장한 '돌다리든 나무다

리든 무조건 건너라', '지체하지 말고 도전하고 머뭇거리지 말라'는 조직 문화와 일맥 상통한다는 것이다.

또 동일한 극단적 환경에서 어떤 기업은 다른 경쟁사들보다 열 배나 더 큰 수익을 올리며 큰 성과를 낸다. 그렇게 열 배가 넘는 큰 성과를 내는 기업을 이 책에서는 '10X 기업'이라고 표현한다. 그리고 이러한 10X 기업과 몰락한 기업을 비교하고, 대조하는 방식으로 성공 요인을 찾아냈다.

성공 요인은 세 가지이다. 그 세 가지 중에 하나는 '광적인 규율fanatic discipline'이라는 요인이라고 한다. 그가 말하는 광적인 규율은 한 마디로 일관성 있게 매일 정해진 규칙에 따라 일을 해나가는 엄격함, 철저하게 하루 목표치를 달성해내는 광기, 그 누구보다 더 열심히 치열하게 일을 해내고 도전하고 밤낮없이 미친 듯이 일하는 풍토 등이라고 할 수 있다. 그리고 그는 이러한 광적인 규율이 그 어떤 창의성이나 기발한 혁신보다 더 중요하다고 강조했다.

지금까지 많은 경영학자들은 혁신, 창조, 상상력이 중요하다고 떠들어 댔다. 하지만 짐 콜린스는 그러한 혁신이나 창조성보다 하루하루 날마다 정해진 목표량을 어떻게 해서든 달성해 내는 것, 어떻게 해서든 정한 일을 해내고 마는 정신과 같은 '광적인 규율'이 더 중요하다고 주장한다. 이러한 사실을 주장하기 위해 그는 역사적 사례를 하나의 근거로 든다. 그것은 바로 최초의 남극점 도착에 대한 사례였다.

1911년 10월 남극점 최초 도착을 놓고 로알 아문센^{Amundsen}과 로버트 스콧^{Scott}이 세기의 대결을 벌였다. 그 결과는 아문센 팀의 완승이었다. 스콧 팀은 지친 나머지 눈 속에 갇혀 전원 사망했다. 하지만 같은 최악의 상황과 조건인 남극에서 아문센 팀은 가장 먼저 남극점에 도달하고 안전하게 복귀까지 했다. 과연 무엇이 이 둘의 운명을 갈랐던 것일까?

이 역사적 사례를 통해 현대의 기업들은, 그리고 개인들은 큰 교훈을 얻을 수 있을 것이다. 결국 지쳐서 눈 속에 갇혀 전원 사망한 스콧 팀과 인류 최초로 남극점에 도달하고도 안전하게 복귀까지 한 아문센 팀의 가장 큰 차이는 바로 '광적인 규율'의 유무였다. 즉 스콧 팀은 날씨가 좋고, 컨디션이 좋을 때는 체력이 다 소진될 때까지 행진했다. 하지만 아문센 팀은 날씨가 아무리 좋아도 하루에 적정선인 20마일 행진을 고수했다. 반대로 날씨가 아무리 나빠도, 아무리 컨디션이 나빠도 치열하게 지독하게 달려들어 하루에 20마일 행진을 고수했다.

바로 이것이 지금 현대 사회에 수많은 기업들 사이에 그대로 실현되고 있는 것이다. 위대한 성과를 창출해 내는 위대한 기업들은 정해진 목표를 달성해 내기 위해 어떤 장애가 발생하고 어떤 악조건이 생긴다 해도 해내고 마는 강한 정신에 입각한 광적인 규율에 의해 업무를 해내고 목표를 달성해 나간다. 그렇지 못한 평범한 기업들은 이러한 규율이 없는 것이다.

축적된 기술력과 노하우의 집대성

필자도 삼성전자에서 휴대폰을 연구하고 개발할 때 수많은 에피소드들을 가지고 있다. 그런데 그 에피소드들의 공통점은 무데뽀 정신과 실패를 통해 끊임없이 배워나간다는 자세였다. 그러한 불굴의 배움의 자세와 불가능한 목표에 도전하는 정신을 통해 삼성전자는 다른 회사보다 기술력이 몇 십 배 더 빨리 축적되고, 엄청난 노하우가 몇 십 배 더 많은 회사가 되어버렸던 것이다.

삼성은 실패를 두려워하지 않는다. 일단 해보는 것이다. 그리고 실패하면 그 실패를 통해 또 배운다. 그리고 그 배운 것을 발판으로 삼아 더 나은 것에 도전한다. 그리고 실패하면 또 그 실패를 통해 배운다. 그리고 이번에는 훨씬 더 나은 것에 도전한다.

결국 도전과 실패, 그리고 배움과 재도전의 반복이었던 것이다. 그 과정에서 다른 회사가 10년 동안 축적한 기술과 노하우를 단 몇 년 내에 자신의 것으로 만들어 버리는 것이었다. 그것이 삼성전자의 저력이며 비결이었던 것이다.

그렇게 축적된 기술력과 노하우가 하나의 제품에 총 집결될 때 그 제품이 어떤 제품이 될 것인지는 상상을 초월하게 되는 것이다. 개인도 마찬가지이다. 평소에는 자신의 역량을 100% 총 결집하여 무엇인가를 하지 않는다. 그 이유는 그것이 너무 힘이 들고 어렵고 이만저만한 에너지 소모로 가능한 일이 아니기 때문이다. 죽느냐 사느냐의 기로에 서서 하지 않으면 죽게 될 때 비로소 초능력이 발휘되는 것처럼 삼성전자는 그런 위기의식을 다른 기업들보다 더 빨리 자각하고 모든 축적된 기술력과 노하우를 하나의 제품에 집대성하기 위해 각고의 노력을 했던 것이다.

문제는 누가 그 고통을 감내하면서까지 하려고 하느냐 하는 것이다. 결국 이 과정에서 경영자의 리더십과 경영 철학이 총 동원되어야 하고, 그동안 누적된 조직문화가 빛을 발하게 되는 것이다. 조직문화나 경영 철학은 평상시보다 비상시에 훨씬 더 조직을 단결시키고 한 방향을 향해 나아갈 수 있도록 해준다. 그런 점에서 삼성전자만이 가지고 있었던 삼성만의 스피디한 조직문화와 강한 체질은 이때에 큰 기여를 해주었던 것이다.

'안 되면 되게 하라'는 정신은 삼성맨들을 더욱 더 뜨겁게 만들었고, 파격적인 보상 제도는 무엇인가에 미칠 정도로 모든 것을 걸고 뛰어들도록 동기 부여를 해주기에 부족하지 않았을 것이다.

만들든가 아니면 나가든가

삼성전자의 경영진들은 지금까지 전례가 없었던 최고의 제품을 유래가 없었던 최단 시간 내에 만들어낼 것을 요구했을 것이다. 그 과정에서 경영자들은 개발 실무자들에게 단도직입적으로 말하게 된다.

"만들든가 아니면 나가든가."

삼성전자의 이러한 생태계가 냉혹하게 들리는가? 그렇다면 당신은 아직 성인이 아니다. 아니면 너무 좋은 울타리 안에서만 살아온 나약한 성인이거나 미숙한 사람에 불과하다.

생각해 보자. 다른 나라와 전쟁이 일어날 수도 있다. 지금도 전쟁을 하는 나라들도 있고, 우리나라 역시 반세기 전에는 대부분의 국민들이 전쟁의 소용돌이에서 생사를 넘나들었다. 지진이나 해일이 우리나라에도 일어날 수 있다. 이런 상황에서 정신을 강하게 만들어 헤쳐 나가는 자만이 살아남을 수 있고, 주위 사람들을 도와주고 그들을 보호해줄 수 있다. 나약한 자들은 쉽게 자멸하고 만다. 그렇기 때문에 이러한 요구는 당연한 것이다.

위기의 상황에 경영자들이 개발 실무자들에게 이러한 것을 요구하지 않는 회사가 있다면 그것은 더 이상한 회사일 것이다. 뿐만 아니라 위기의 상황에서 개발 실무자들은 스스로 최고의 제품을 최단 시간 내에 만들고자 할 것이다. 도전 의식이 충만한 개발자들은 누가 시키지 않아도 이러한 분위기를 기꺼이 반가워하고 좋아할 것이다. 삼성전자에는 이러한 사람들이 적지 않다. 그것이 삼성전자의 재산인 것이다. 필자가 GSM^{Global System for Mobile Communications}을 개발할 때도 이와 비슷한 상황을 수십 번도 더 경험했는데, 결국에는 해내게 된다.

자기 자신을 최고로 압박하면서 스스로의 한계를 뛰어넘는 그런 경험을 11년 동안의 회사 생활에서 수십 번도 더 했다. 필자가 신입 사원일 때 부장이 바로 지금 삼성전자의 무선사업부 총사령관인 신종균 사장이다. 그래서 그 분위기와 상황을 누구보다 잘 알고 있다. 그렇게 평소에도 단련된 강인한 삼성맨들이 절체절명의 위기를 만난 것이다.

그렇다면 그 때 그들이 뿜어내는 도전과 에너지와 정신력은 상상을 초월하는 것이 된다. 목숨을 거는 것 이상으로 집중하게 되고, 그것에만 모든 혼신을 쏟아붓게 되는 것이다. 그것이 삼성전자 무선사업부의 생태계인 것이다.

수십 년 동안 축적된 기술력과 노하우도 제대로 결집되지 않으면 아무 소용이 없을 것이다. 그런데 삼성전자는 그런 것을 잘 하는 집단이다. 심지어 기술력과 노하우가 많이 부족할 때도 개발해 나가면서 기술력과 노하우를 스스로 창출하여 제품에 적용하는 것이 뛰어난 집단이다. 갤럭시S를 개발할 때에는 이 모든 노하우가 녹아들어갔을 것이고, 모든 역량이 총 결집되었을 것이다.

한 차원 높은 스마트폰의 탄생

인간은 최대의 위기 상황에서 최고의 능력을 발휘할 수 있는 존재이다. 그리고 이러한 사실은 삼성전자 무선사업부에도 그대로 적용이 되었고 실현되었다. 왜냐하면 결과적으로 삼성전자는 한 차원 높은 스마트폰을 탄생시켰기 때문이다.

갤럭시S는 누가 봐도 멋진 걸작이라고 할 수 있다. 삼성의 첫 안드로이드 폰인 갤럭시A의 출시 후 2개월 만에 출시된, 엄청난 개발 속도와 스펙과 디자인과 성능의 한 차원 높은 스마트폰인 갤럭시S는 외관부터 갤럭시A와 너무나 달랐다. 그리고 이것은 디자인만 바뀐 것이 아니라 성능과 스펙에서 한 차원 높은 전혀 다른 스마트폰이라고 생각해야 할 정도로 엄청난 변화를 가져왔다.

갤럭시S는 스펙 상으로 볼 때에도 화면이 더 커졌고, 더 선명해졌다. 슈퍼아몰레드를 사용했기 때문이다. 그리고 두께 역시 9.9mm로 획기적으로 줄어들었다. 메모리 용량에서도 8/16GB로 엄청나게 뛰어올랐다. 속도도 역시 1Ghz라는 최고 속도를 내는 최고의 스마트폰임을 당당하게 드러내 주었다. 무게도 역시 빼놓을 수 없는 장점이었다. 들고 다녀야 하는 스마트폰의 특성상 무게는 절대적으로 가벼워야 한다. 갤럭시A가 135g인 것에 반해서 갤럭시S는 121g으로 아이폰4의 무게보다 훨씬 더 가벼운 스마트폰이 된 것이다. 아이폰4는 137g으로 전작인 아이3GS의 무게 135g보다 오히려 더 무거워졌던 것이다.

구분	SHW—M100S	삼성 갤럭시S(I9000)
CPU	A8 Cortex 800Mhz	1GHz CPU
OS	안드로이드 2.1	안드로이드 2.1
메모리	384 RAM / 512 ROM	8/16GB 선택
화면	3.7인치 AMOLED	4인치 슈퍼아몰레드
해상도	800×480	800×480
동영상	DivX, MPEG4,(720P재생)	DivX,XviD(720P재생)
카메라	500만화소(AF지원)	500만화소(AF지원)
인터넷	Wi—Fi(802.11n)	Wi—Fi(802.11n)
이어폰	3.5파이 지원	3.5파이 지원
블루투스	O	O
GPS	O	O
터치방식	정전터치	정전터치
DMB	지상파 DMB(내장안테나)	비공개
크기	59.8×119.5×12.55mm	122.4×64.2×9.9mm
두께	12.5mm	9.9mm
배터리	1,500mAh	1,500mAh
출시시기	4월초	6월

| 갤럭시A와 갤럭시S의 스펙 비교 |

갤럭시A와 갤럭시S는 외관상 디자인, 기능, 성능, 스펙에서 전혀 다

제2부 삼성전자의 치열한 도전과 응전

른 폰이라고 할 수 있을 정도로 엄청난 차이를 보여 주었던 것이다.

갤럭시S와 아이폰4의 진검 승부

삼성전자에서 출시된 스마트폰들은 시장의 냉소 속에서 제대로 아이폰에 반격을 가하지 못했던 것이 사실이었다. 아이폰의 혁신과 제품 수준이 너무 파격적이고 뛰어난 것이었고 그로 인해 아이폰의 명성이 너무 높았다. 반면에 삼성전자의 명성이나 브랜드 가치는 패스트 팔로워 수준에 그쳤기 때문이었다.

앞에서도 언급했듯이, 2010년까지 삼성전자의 스마트폰 경쟁력은 빅5에도 들어가지 못할 정도로 미미했던 것이 사실이다. 삼성전자가 아무리 총력을 기울여서 혁신적인 제품을 만들어낸다고 해도 아이폰4와 진검승부를 펼치기 위해서는 먼저 쟁쟁한 스마트폰 업체들의 제품들을 넘어서야 한다. 그러한 업체들로는 RIM, HTC, 모토로라, 노키아 등이 있다. 사실 그 당시에 삼성전자의 스마트폰은 애플을 포함해서 위의 4개 업체의 스마트폰보다 훨씬 경쟁력이 뒤떨어졌다. 이런 상황에서 갤럭시S가 출시되었기 때문에 전 세계 전문가들과 소비자들은 큰 관심도 보이지 않았다고 해야 맞을 것이다.

즉 갤럭시S는 국내에서만 아이폰의 대항마로 부각될 수 있었던 것이지 세계 시장에서는 제대로 부각되지 않았다. 국내에서는 삼성전자가 잘 알려져 있지만, 세계무대에서는 애플과 삼성전자의 격차는 상상을 초월하는 수준이었기 때문이다. 그 중간에 4개 업체가 더 버티고 있기도 했다.

앞에서도 언급했듯이, 애플의 스티브 잡스가 삼성전자를 비롯한 안드로이드 진영을 공개적으로 비난하는 일이 발생하고, 특히 삼성전자를 정식으로 고소하는 일을 통해 삼성전자의 갤럭시S에 대한 관심이 고조되었고, 그 때부터 갤럭시S와 아이폰4의 미묘한 진검 승부가 시작되었다고 해도 과언이 아닐 것이다. 결국 빅5에도 들지 못했던 삼성전자의 갤럭시S에 대해 세계인들로 하여금 관심을 가지도록 했던 것은 삼성전자가 아니라 최대의 경쟁사였던 애플의 스티브 잡스였던 것이다.

갤럭시S와 아이폰4의 진검 승부는 결국 누가 세계 최정상의 스마트폰 업체가 되느냐 하는 것이다. 그렇다면 그 결과는 2012년 1분기 스마트폰의 판매량과 수익을 볼 때 알 수 있다. 물론 이것은 항상 변한다. 내년 1분기에는 누가 1위를 할지는 아무도 모른다.

하지만 3년 전에는 빅5에도 들지 못했던 삼성전자의 스마트폰이 2012년에는 애플과 함께 흑자를 낸 유일한 스마트폰 제조업체가 되었다는 것과 세계 1위의 시장 점유율로 1위 업체가 되었다는 사실을 고려해 볼 때 갤럭시S가 성공적으로 아이폰의 대항마가 되어 주었다고 평가해도 될 것 같다.

삼성과 애플의 제2라운드 _ 갤럭시S2와 아이폰4S

삼성과 애플의 스마트폰 대전은 갤럭시S와 아이폰4가 끝이 아니라 시작이었다. 그 후로 삼성전자는 갤럭시S2를 출시했고, 애플은 2011년 10월 14일 아이폰4S를 출시했다.

아이폰4S가 출시된 지 사흘 만에 400만 대 이상이 팔리면서 아이폰 돌풍은 한층 더 강화되어 계속되었다. 아이폰4S는 디자인이 기존 제품인 아이폰4와 유사하지만, 속도가 한층 빨라진 프로세서와 성능이 강화된 카메라, 새로운 음성인식소프트웨어 '시리' 등 기능이 업그레이드된 제품이다. 아이폰4 출시 이후 같은 기간 170만 대가 판매된 것에 비해 배 이상 늘어난 것으로 아이폰의 명성이 갈수록 더 높아지고 있음을 나타내는 사건이기도 했다.

삼성전자는 아이폰4S에 대한 대항마로 갤럭시S2를 출시했다. 비록 많이 뒤처진 후이지만 삼성전자는 2011년 2월 13일 MWC 2011에서 최초 공개한 후, 2011년 4월 29일에 출시했다. 아이폰4S만큼 갤럭시S2도 많이 팔려나갔다. 갤럭시S2가 2011년 4월말 출시된 이후 10개월 만에 글로벌 시장에서 2000만 대를 돌파했다. 이것은 갤럭시S보다 7개월 단축된 것으로 삼성전자의 스마트폰 경쟁력과 인지도, 브랜드 가치가 급상승했음을 인식할 수 있게 해주는 현상이다.

아이폰4S가 사흘 만에 400만 대 이상 팔린 것에 비하면 갤럭시S2는 출시된 지 24일 만에 겨우 100만 대가 판매되는 수준이었고, 애플과의 격차는 여전히 존재했다. 하지만 2011년 후반으로 오면서 삼성은 근소한 차이로 애플을 따라잡기 시작했다. 다시 말해 가장 치열했던 애플과 삼성전자의 스마트폰 대전의 해는 2011년이라고 볼 수 있다. 2012년이 되면서 삼성전자는 세계 최고의 혁신 기업 애플을 스마트폰 시장점유율에서 큰 차이로 앞서 나가기 시작했던 것이다.

2011년에는 애플과 삼성전자가 앞서거니 뒤서거니 하면서 1등자리를 주고받았을 만큼 치열한 스마트 대전의 해였던 것이다. 이러한 사실은 시장 조사기관인 스트레티지 애널리틱스Strategy Analytics의 발표 결과에서 쉽게 확인해 볼 수 있다.

글로벌 스마트폰 제조사 출하량(백만대)	2010년 4분기	2010년	2011년 4분기	2011년
삼성	10.7	23.9	36.5	97.4
애플	16.2	47.5	37.0	93.0
노키아	28.3	100.1	19.6	77.3
기타	45.6	128.0	61.9	220.8
총합	100.7	299.5	155.0	488.5

제2부 삼성전자의 치열한 도전과 응전

글로벌 스마트폰 제조사 시장점유율(%)	2010년 4분기	2010년	2011년 4분기	2011년
삼성	10.6	8.0	23.5	19.9
애플	16.1	15.9	23.9	19.0
노키아	28.1	33.4	12.6	15.8
기타	45.2	42.7	39.9	45.2
총합	100.0	100.0	100.0	100.0
연간성장률 총합	86.8	71.4	53.9	63.1

| 2011년 4분기 글로벌 스마트폰 제조사 출하량과 시장점유율 |
출처 : 스트레티지 애널리틱스(Strategy Analytics)

이 자료를 통해 알 수 있는 사실은 삼성전자가 2011년 한 해 동안 엄청난 도약을 했다는 사실이다. 2010년 4분기 때 판매량을 보면 노키아가 2800만 대, 애플이 그 다음으로 1600만 대, 그리고 삼성이 1000만 대에 불과했다. 그런데 정확히 1년 후인 2011년 4분기 판매량을 보면 애플이 3700만 대, 삼성이 무려 3650만 대이다. 노키아는 몰락을 했다. 1960만 대 판매량을 보이면서 3위로 주저 앉아버렸기 때문이다.

또 시장 점유율에서도 2010년 4분기 때 1위는 노키아였다. 28.1%로 노키아가 1위였고, 2위는 애플로 16.1%였다. 삼성은 10.6%로 3위였다. 그런데 2011년 4분기 때는 삼성전자가 23.5%로 2배 넘게 성장했던 것이다.

삼성과 애플의 진검 승부는 계속 이어질 것이 분명하다. 하지만 2011년을 기점으로 삼성전자의 눈부신 성장세는 한동안 이어질 것으로 전망이 된다. 그리고 이 말은 삼성전자가 어느 정도의 승기를 잡았다는 이야기가 되는 것이다.

애플과 삼성의 끝없는 특허 전쟁

삼성전자와 애플의 특허 전쟁은 제품과 마케팅의 전쟁만큼 치열하게 지금까지 치러졌다. 마치 한쪽이 이기면 다른 쪽은 엄청난 손해를 보게 되는 것이 아닌가 하는 걱정마저 생긴다. 수많은 언론들도 그들의 싸움을 재미난 구경거리마냥 보도하고 있고, 수많은 사람들도 좋은 이야깃거리로 입에 올리고 있다.

애플과 삼성전자의 특허 전쟁은 오랫동안 지루하게 이어지고 있고, 지금도 현재 진행형이다. 두 회사 간의 특허 전쟁이 의미하는 바는 적지 않을 것이다. 2011년 4월에 애플의 고소로 시작된 특허 전쟁은 9개 나라에서 30여 건의 글로벌 특허 소송전으로 확산되었다. 그야말로 세기의 대결로 불릴 만하다고 말할 수 있을 것이다. 삼성전자는 2011년 6월 애플이 자사의 특허 4건을 침해했다며 아이폰4S, 아이패드2 등 9종의 애플 제품에 대해 미국 내 수입을 금지해 달라고 ITC에 요청했으나, 지난 9월 ITC는 애플의 손을 들어줬었다. 이에 삼성전자는 즉각 재심을 요청한 것. ITC가 "다시 원점에서 따져보겠다."고 밝힘에 따라 미국에서 벌인 특허소송 판결이 그간 삼성에 불리하게 흘러왔던 것과는 달리 완패하지 않을 것으로 보이기도 한다.

1년여간 끌어온 삼성전자와 애플의 소송에 대해 미국 법원은 2012년 4월 이들에 합의를 위한 협상을 명령했다. 이에 따라 최지성 삼성전자 부회장과 팀 쿡 애플 최고경영자CEO는 협상을 위해 회동을 가졌지만 결국 이견을 좁히지 못했다.

2012년 7월 30일 미국 캘리포니아 북부 새너제이 법원에서 삼성과 애플이 특허 침해 본안 소송을 시작했다. 이것은 2011년 4월 15일 애플이 삼성을 제소한 지 473일, 정확하게 1년 108일 만이다. 삼성과 애플의 소송 건은 9개국에서 약 50여 건의 소송으로 진행 중이고, 유럽과 오스트레일리아에서처럼 결판이 난 곳도 있다.

그런데 그 중에서도 가장 눈에 띄는 사건은 미국 법원의 판결이었다. 세계 여러 곳에서 내려진 판결은 거의 박빙의 승부였지만 미국 법원 배심원단이 2012년 8월 24일에 내린 평결 결과는 애플의 일방적인 승리였다. 배심원단은 삼성에게 10억5천만 달러의 배상금을 애플에 지불하라고 평결했다. 결국 애플의 안방인 미국에서는 애플이 특허 전쟁에서 승리했다.

하지만 같은 날 한국에서는 사실상 삼성이 승소했다. 그리고 미국을 제외한 영국, 독일, 네덜란드, 프랑스, 이탈리아, 일본, 호주 등에서도 애플이 미국 법원에서처럼 일방적으로 승리할 것이라고 생각할 수 없다. 독일의 만하임 법원이 삼성의 통신표준 특허에 기한 청구를 기각했는가 하면, 네덜란드의 헤이그법원은 비록 판매금지는 선고하지 않았지만 특허침해를 전제로 한 손해배상청구는 인정한 바 있다.

가장 긴박했고 중요했던 한국과 미국의 특허 전쟁을 좀 더 자세히 살펴보자.

2012년 8월 24일 한국 서울중앙지방법원에서는 애플이 삼성에 대해 소송을 제기한 디자인에 대해 유사성은 인정하나 그간 출시된 이동통신 상품 디자인에서 이런 디자인이 있었다는 것을 토대로 하여, 삼성뿐만 아니라 기존의 소니에서 나온 익스페리아나 LG에서 나온 프라다폰 등의 선례를 보더라도 통신 기기들은 디자인을 특별하게 차별화하기가 어렵고, 독창성 면에서 보호받을 수 있는 디자인이기 어렵다는 다소 삼성에 유리한 판결을 내렸다. 다만 애플이 삼성에 대해 제기한 UI 특허의 경우 '밀어서 잠금 해제' 등의 기능을 제외한 '바운스백'(화면을 상하 끝으로 스크롤했을 때 가장자리가 밀려 올라가다 터치한 손가락을 떼면 '통' 튕겨나는 연출) 기능에 '국한'하여 디자인 침해를 인정, 2500만 원에 대한 손해배상 및 기존 삼성 제품 12종에 대한 판매금지 판결을 내렸다.

하지만 삼성이 애플에 대해 제기한 사항에 대한 판결 내용을 보면 삼성의 승리였음을 알 수 있다. 삼성이 애플에 대해 소송을 제기한 '3GPP 통신 표준특허에 대한 침해 사항 4가지'에 대해 법원은 인텔의 라이선스 위탁 범위 위배 2건을 인정하여 피해액 4000만 원과 아이폰 3Gs, 아이폰4 등 4개 전작들에 대한 판매금지 판결을 내렸다.

한국에서 삼성이 승리한 바로 그 다음 날 미국 현지시각 기준 8월 25일 미국 법원의 판결이 보도되었다. 정황이 완전하게 역전되었다. 미국 법원은 삼성이 애플의 UI 특허 및 디자인(외형)을 침해했다고 일방적으로 애플의 손을 들어주었다. 이에 대해 10억 5천만 달러의 피해배상액을 지급해야 한다는 판결을 내렸다. 애플의 완승인 셈이다. 특히나 한국과 미국의 판결 결과는 판이하게 달라 삼성으로선 하루아침 만에 치명상을 입은 것이다. 미국 산호세 지방법원은 UI 특허에 있어 한국에서 침해 사실이 인정된 바운스백 기능을 포함하여 화면을 두 번 터치하면 확대되는 기능 등을 포함하여 제품 디자인에 대한 표절 내용까지 애플의 주장을 대부분 받아들였던 것이다. 삼성전자는 미국 시각으로 2012년 11월 21일 미국 법원에 아이패드 미니 등 애플의 신제품을 추가 제소했다.

삼성과 애플의 끝이 없는 특허 전쟁과 소송 전쟁은 갤럭시 노트2와 아이폰5 등과 같이 양사의 최신기종 특허문제를 다룰 2차 본안소송이 본격화되고 있으며(2012년 12월 기준) 현재 진행형으로 계속 이어지고 있다.

삼성과 애플의 제3라운드 _ 갤럭시탭과 아이패드

삼성전자는 2010년 9월에 안드로이드 태블릿 컴퓨터인 갤럭시탭을 출시했다. 갤럭시탭은 7인치 TFT-LCD 터치 스크린에 해상도 1024×600 화소를 지원하며 최대 1600만 색을 지원하고, 안드로이드 2.2 프로요를 기본 탑재하고 Wi-Fi, 블루투스 3.0, USB 2.0 포트, 3.5mm 이어폰 커넥터, GPS, SD, SDHC 등도 지원하는 태블릿 PC이다. 갤럭시탭의 무게는 아이패드보다 가벼운 380g이다. 화면 크기는 아이패드보다 작은 7인치이다. 배터리 시간은 4000mAh로 아이패드보다 4시간 짧은 동영상 기준 6시간 동안 사용할 수 있다.

그런데 애플은 삼성전자보다 훨씬 빨리 혁신 기업답게 2010년 4월에 아이패드를 출시했다. 혁신 기업의 새로운 제품답게 아이패드 역시 돌풍을 일으켰다. 이찬진 드림위즈 대표는 "디자인, 기능, 콘텐츠 등에서 아이패드와 비교할 수 있는 비슷한 제품은 현재 없다. 그야말로 혁명적인 제품이다."라고 말할 정도로 아이폰의 탄생과 버금가는 혁신제품이 아닐 수 없었다.

기존의 PC보다 5년 정도 더 앞선 제품이라고 말할 수 있을 것이다. 그런데 이것보다 더 중요한 것은 IT 산업의 주도권이 하드웨어와 통신에서 소프트웨어와 콘텐츠로 넘어가는 패러다임 전환을 더욱 더 가속화할 것은 물론이고, 제대로 된 스마트폰을 만들지도 못한 삼성전자에게는 또 한 번 패배를 인정해야 하는 사건이기 때문이다. 국내 대표 IT 전자 업체였던 삼성전자는 그야말로 설상가상에 빠져들었고, 혁신 기업 애플은 한 발 더 앞서 나감으로써 추격자들을 아주 쉽게 따돌리고 있었던 것이다.

애플은 역시 대단한 혁신 기업이었다. 2010년 5월, 아이패드는 출시 28일 만에 판매량 100만 대를 돌파했기 때문이다. 스티브 잡스는 "아이패드 100만 대 판매는 아이폰 100만 대 판매까지 걸린 74일의 절반에도 못 미치는 기간 동안 달성됐다."고 밝혔다. 더 놀라운 일은 이것이 전부가 아니었다. 2010년 5월 31일, 출시 59일 만에 누적 판매량 200만 대를 돌파했다.

이로써 스티브 잡스는 혁신의 천재가 되었고, 인류 역사에 오래 남을 수 있는 최고의 혁신가가 되었다. 아이폰에 이어 아이패드까지 인류의 삶과 패러다임을 한순간에 바꾸어 놓았고, 인류의 삶을 5년에서 10년 정도를 앞당겨 실현시켰기 때문이다. 아이패드 사용자들은 아이패드가 출시되고 한 달도 되지 않아서 1200만 개 이상의 애플리케이션을 다운로드했으며, 150만 개 이상의 전자책을 내려 받는 기록까지 세우면서 새로운 IT 혁명이 애플의 스티브 잡스를 통해 일어나게 되었던 것이다. 애플의 아이패드는 국내에는 2010년 11월 30일에 출시되었다. 그리고 이때를 시작으로 국내에서는 아이패드와 갤럭시탭의 전쟁이 시작되었던 것이다.

2010년 하반기는 이 두 회사의 태블릿 PC의 본격적인 결전이 벌어진 시기라고 볼 수 있다. 2010년 상반기에는 이 두 회사의 스마트폰의 본격적인 결전이 시작되어 앞서거니 뒤서거니 하면서 1차전을 벌인 것과 비교하면 주력 무기가 바뀌었을 뿐 치열한 전쟁은 계속 반복된다는 사실을 느낄 수 있게 해준다.

세계 최대의 병법서로 평가받고 있는 3대 병법서 중에 하나인 『손자병법』에 보면 전쟁을 치를 때에 중요한 자세와 승리를 대할 때의 교훈에 대해서 잘 나와 있는데, 그 중에서도 반드시 명심해야 할 교훈 중에 하나는 '전승불복, 응형어무궁戰勝不復, 應形於無窮'이라는 말일 것이다.

이 말을 풀어보면, '전쟁의 승리는 반복되지 않는다. 무궁한 변화와 형태에 유연하게 내모습을 바꾸고 변화하면서 대응해야 한다.'라는 뜻이다. 그런데 이 교훈이 지금 치열하게 스마트폰 대전을 벌이고 있는 스마트폰 업체들에게 가장 절실하게 필요한 말일 것이다.

2009년에는 스마트폰시장에서 빅5에도 들지 못했던 삼성전자가 2012년에는 빅1, 즉 넘버원이 되었고, 2011년 1분기 때는 세계 휴대폰 시장점유율과 판매량에서 압도적인 1위였던 노키아가 1년 만인 2012년 1분기 때는 2위로 추락했기 때문이다. 그리고 2011년만 해도 스마트폰 1위 자리가 여러 번 바뀌는 등의 끊임없는 변화가 일어났기 때문이다.

삼성과 애플의 또 다른 특허 전쟁 _ 태블릿 PC

삼성과 애플의 스마트폰 특허 전쟁은 태블릿 PC 특허 전쟁으로 이어졌다. 2012년 7월 9일 영국고등법원High Court of Justice of England and Wales은 삼성전자의 갤럭시탭 10.1, 탭 8.9, 탭 7.7이 애플의 아이패드 디자인을 침해하지 않았다고 판결했다. 판결문을 보면 애플과 삼성의 태블릿 PC의 차이가 명확하게 드러나는 것을 알 수 있다.

"애플의 극단적으로 단순한 디자인은 충격적입니다. 전체적으로 보면 전면의 평평한 바탕 위에 유리를 얹어 매우 얇은 가장자리까지 뻗어 있으며 뒷면은 비어 있습니다. 또한 모서리에는 분명하게 끝부분이 있고 모서리와 옆면 모두 둥글게 처리되어 있습니다. 이런 디자인은 정보가 있는 소비자에게는 집어서 만져 보고 싶은 제품이 되게 합니다. 매우 절제되고, 부드러우며 단순한 제품입니다. 멋진 디자인입니다."

"The extreme simplicity of the Apple design is striking. Overall it has undecorated flat surfaces with a plate of glass on the front all the way out to a very thin rim and a blank back. There is a crisp edge around the rim and a combination of curves, both at the corners and the sides. The design looks like an object the informed user would want to pick up and hold. It is an understated, smooth and simple product. It is a cool design."

"갤럭시 태블릿에 대해 정보가 있는 소비자의 전체적인 인상은 이렇습니다. 전면은 애플 디자인도 포함되는 가계도에 들어가 있습니다. 하지만 삼성 제품은 매우 미미한 정도여서 뒷면에 지나치게 신경을 쓴 가계도의 구성원 중에서도 거의 중요하지 않은 정도입니다. 갤럭시 태블릿은 애플 디자인과 같은 절제됨이나 극단적인 단순함이 없습니다. 그만큼 쿨하지 않습니다."

"The informed user's overall impression of each of the Samsung Galaxy Tablets is the following. From the front they belong to the family which includes the Apple design; but the Samsung products are very thin, almost insubstantial members of that family with unusual details on the back. They do not have the same understated and extreme simplicity which is possessed by the Apple design. They are not as cool. The overall impression produced is different."

〈출처 : http://www.bailii.org/ew/cases/EWHC/Patents/2012/1882.html〉

같은 특허에 대한 독일 판결을 보면 독일 법원은 영국과 또 다른 판결을 했다. 삼성이 아이패드 디자인을 모방했다는 것이다. 그것은 불공정 경쟁을 했다는 사실을 의미했다. 영국 법원은 애플에 대해 삼성이

제2부 삼성전자의 치열한 도전과 응전

애플의 등록디자인을 침해하지 않았다는 내용의 다음의 전문을 EU 홈 페이지 및 영국 주요 신문에 게시하라는 판결을 내렸다.

"2012년 7월 9일 영국고등법원High Court of Justice of England and Wales은 삼성 전자(UK) 유한회사의 갤럭시 태블릿 컴퓨터인 갤럭시 탭 10.1, 탭 8.9, 탭 7.7이 애플의 등록 디자인 번호 0000181607-0001을 침해하지 않았다 고 판결했다. 판결문 전문은 해당 링크에서 볼 수 있다.
http://www.bailii.org/ew/cases/EWHC/Patents/2012/1882.html"

"이 판결은 EU 전체에 적용되며 항소법원에서 2012년 10월 18일 유 지되었다. 항소법원 판결의 전문은 해당 링크에서 볼 수 있다.
http://www.bailii.org/ew/cases/EWCA/Civ/2012/1339.html
유럽 전역에서 해당 디자인과 관련한 판매금지 조치는 없다."

Samsung / Apple UK judgment

On 9 July 2012 the High Court of Justice of England and Wales ruled that Samsung Electronic (UK) Limited's Galaxy Tablet Computers, namely the Galaxy Tab 10.1, Tab 8.9 and Tab 7.7 do not infringe Apple's Community registered design No. 0000181607-0001. A copy of the full judgment of the High Court is available from

www.bailii.org/ew/cases/EWHC/Patents/2012/1882.html.

That Judgment has effect throughout the European Union and was upheld by the Court of Appeal of England and Wales on 18 October 2012. A copy of the Court of Appeal's judgment is available from

www.bailii.org/ew/cases/EWCA/Civ/2012/1339.html. There is no injunction in respect of the Community registered design in force anywhere in Europe.

애플의 홈페이지(http://www.apple.com/uk/legal-judgement/)에 실려 있는 공고문이다.

하지만 애플은 영국 법원의 명령을 이행하면서도 독일과 미국은 삼성의 제품이 자신의 제품의 특허 침해를 인정했다고 다소 영국 법원을 비꼬는 듯한 문구를 넣었던 것이다. 이에 영국 법원은 애플에 다시 제대로 된 사과문을 쓰라고 강력하게 명령했다. 또 팀 쿡을 포함한 임원 17명의 재산을 몰수하거나 구속시키겠다고 경고를 했으며, 애플은 14일의 여유를 달라고 요청했다. 하지만 영국법원은 즉각 기각해 버렸다. 결국 애플의 홈페이지에 삼성전자의 갤럭시탭 광고가 실리게 되는 일이 벌어지게 된 것이다.

제 **3** 부

삼성전자의
도약과 과제

제5장

삼성전자는
아직도 배고프다

새로운 차원의 스마트폰이 필요하다

삼성전자의 강점 중에 하나는 잘 나갈 때 더 잘 해서 더 잘 나가는 체질이라고 할 수 있다. 삼성전자는 성공할 때 절대 자만하지 않는다. 삼성전자의 강점은 바로 이것이다. 잘 나갈 때 더 열심히 해서 더 잘 나가는 것과 잘 나간다고 자만하고 그것에 안주하려는 것은 그 개인이나 기업의 자질과 역량의 크기와 밀접한 관련이 있는 것이다.

한 마디로 스케일이 작은 사람이나 기업은 어느 정도 잘 나가게 되면 작은 성공에 도취되어 그 때부터 허리띠를 풀고 자만하고 안주하게 된다. 그러다가 결국 그 어떤 성장과 발전도 하지 못한 채 서서히 몰락하게 된다.

하지만 스케일이 큰 사람이나 기업은 다르다. 여기에서 위대한 사람과 기업, 평범한 사람과 기업의 간극이 발생하는 것이다. 스케일이 큰 사람이나 기업은 남들이 성공했다고 생각하는 그 수준에서 다시 시작하고, 도전한다. 그래서 그런 사람이나 기업은 평범한 수준을 뛰어넘어 비범한 수준으로 도약하게 되는 것이다. 그래서 위대한 사람들은 항상 배가 고픈 것이다. 승리를 하고 또 승리를 해도 그것에 자만하거나 안주하지 않기 때문이다. 애플의 스티브 잡스도 바보처럼 항상 갈망하고 우직하게 나아가라고 말했고, 한국인들에게 영원한 영웅인 거스 히딩크 감독도 "아직도 배고프다."라고 말한 것이다.

비범한 사람과 평범한 사람을 가르는 가장 큰 기준은 기대치이다. 어떤 사람은 국내 1위에 만족하고, 10억에 만족하는 사람이 있고, 어떤 사람은 세계 5위에 만족하고, 1000억에 만족하는 사람이 있다. 하지만 어떤 사람은 세계 3위를 해도, 세계 2위를 해도 만족하지 못하는 사람들이 있다. 바로 이런 사람들이 결국에는 세계 1위가 되고, 위대한 성과를 창출하게 되는 것이다.

백 리를 가는 사람에게는 오십 리가 아닌 구십 리를 반으로 잡아야 하듯, 위대한 기업과 사람들은 최고의 목표를 가져야만 하는 것이다.

그렇기 때문에 작은 성공이나 작은 승리에 절대 도취되지 않는 것이다. 그래서 그들은 항상 배가 고프다고 말하는 것이다.

2011년은 삼성전자와 애플의 가장 치열한 스마트 대전이 이어지고 있던 해였다. 하지만 삼성전자는 뭔가가 약간 밀리는 듯한 분위기를 부인할 수 없었다. 언제나 애플이 삼성보다 더 먼저 더 빨리 더 새로운 차원의 스마트 기기를 출시했기 때문이다.

아이폰도 그렇고, 아이패드도 그랬던 것이다. 그리고 애플은 삼성전자에 없는 다양한 기술력을 가지고 있었다. 그 중에 하나가 막강한 앱스토어였고, 이것은 삼성전자로 하여금 한계를 느끼게 해주었던 애플의 비밀 병기와 같은 것이었다.

물론 삼성전자는 2009년도에 비해 2년 동안 괄목상대할 만큼 눈부신 발전을 했고, 반격을 했고, 도약을 했다. 하지만 애플에게 완전하게 승리했다고 할 수 없었다. 애플이 너무 막강한 기업이었고, 너무나 혁신적이었기 때문이다. 가장 큰 이유는 삼성전자가 계속 추격자의 이미지를 벗어날 수 없었던 것이다. 아무리 좋은 제품을 빨리 만들 수 있어서 1위를 잘 추격한다 해도 혁신 기업다운 혁신 제품이 없었다고 냉혹하게 평가해 볼 수 있는 것이었다.

애플에 대해 누가 혁신 기업이 아니라고 평가할 수 있을까? 이렇게 말할 수 있는 이유는 애플은 너무나도 획기적인 제품들을 실제로 많이 출시한 기업이기 때문이다. 그런 애플과 비교해 볼 때 상대적으로 삼성전자는 혁신다운 혁신 제품이 없었던 것이다.

갤럭시S 시리즈를 만들어 애플의 아이폰에 대항을 하고 있지만, 삼성전자는 여전히 추격자이고 '카피캣'이라는 오명에서 벗어날 수 없었던 것이다. 그것이 바로 삼성전자의 한계였고, 이것이 바로 삼성전자가 새로운 차원의 그 무엇인가를, 갤럭시S를 뛰어넘는 그 무엇인가를 만들어 내야만 하는 이유였던 것이다. 이런 이유와 함께 애플과의 스마트폰 넘버원 자리를 두고 치열하게 박빙의 승부를 벌이고 있기에 삼성전자로서는 한 방이 필요했던 것이다. 그리고 그것은 바로 비밀 병기의 개발로 이어졌던 것이다. 삼성전자에게는 새로운 차원의 스마트폰이 절실하게 필요했던 것이다.

그러한 필요성과 절박함에서 탄생하게 된 것이 바로 새로운 차원의 스마트폰으로 태블릿도 아니고, 스마트폰도 아닌, '갤럭시 노트'였던 것이다.

감성을 자극하는 비밀 병기 갤럭시 노트

삼성전자가 스마트폰 시장에서 불과 3년 전에는 막강한 스마트폰 업체들인 노키아, 애플, RIM, HTC, 모토로라 등에 밀려서 빅5에도 들지 못했지만, 2012년에는 글로벌 넘버원으로 우뚝 솟아오를 수 있었

| 갤럭시 노트 (출처 : 위키피디아) |

제3부 삼성전자의 도약과 과제

던 것은 갤럭시S만의 돌풍 때문이 아니었다. 사실상 갤럭시S를 잘 이어주면서도 한 차원 더 스마트해진 갤럭시S2가 적당한 시기에 출시를 해주었기 때문이고, 그 다음으로 갤럭시 시리즈에서도 더욱 차별화된 갤럭시 노트가 출시되었기 때문이라고 분석해 볼 수 있을 것이다.

삼성전자에서 갤럭시 노트를 2011년 9월에 IFA에 전시하고, 2011년 10월에 출시하지 않았다면 2012년에 스마트폰 1위 자리에 오르지 못했을 수도 있었다고 말해도 과언이 아닐 정도로 갤럭시 노트의 출시는 삼성전자로 하여금 세계적인 스마트폰 업체로서의 위상을 확고하게 해준 확인사살과 같은 것이었다.

2011년은 애플과 삼성의 스마트폰 대전이 가장 치열했던 시기였고, 1위 자리가 이 두 회사를 통해 번갈아 교체되기도 할 정도였다. 그런데 2011년 상반기에 애플이 더욱 강세를 보일 수 있었던 것은 아이폰의 다양한 후속모델들이 삼성전자보다 먼저 더 빨리 나올 수 있었기 때문이었고, 아이패드 역시 삼성전자의 갤럭시탭보다 훨씬 먼저 출시되었기 때문이었다.

결국 삼성전자가 2011년까지 애플을 추격하는 위치였다고 할 수 있다. 하지만 이러한 추격자에서 선두로 앞서 나갈 수 있었던 가장 결정적인 계기는 바로 애플도 만든 적이 없는, 삼성전자만이 만든 새로운 개념의 스마트폰이 가장 치열한 전투 중이었던 2011년 하반기에 출시해 버렸기 때문이라고 할 수 있다. 이 스마트폰은 삼성전자의 비밀병기였던 것이다.

256단계로 필기압력을 감지하는 스마트폰의 압력 감지 S펜 스타일러스를 이용하여 필기를 하거나 그림이나 그래프 등을 그릴 수 있는 새로운 개념의 스마트폰이 삼성전자에서 출시가 되었던 것이다. 무엇보다 큰 화면인 5.3" HD 슈퍼 AMOLED로 1,280×800(WXGA) 해상도를 구현하였다. 출시 초기에는 다소 큰 화면과 크기로 소비자들이 부담을 느끼지 않을까 하는 우려를 한 것도 사실이다.

하지만 갤럭시 노트는 돌풍을 일으켰다. 그 이유 중에 하나는 단연코 새로운 개념의 스마트폰이라는 것 때문이다. 감성을 자극하여 대성공을 거둔 스타벅스처럼 갤럭시 노트는 인간의 감성을 자극하는 보기 드문 스마트폰으로 인정받았던 것이다. 수첩이나 메모지에 연필이나 볼펜으로 필기를 하거나, 간단한 메모를 하거나, 심심할 때는 그림도 그리고 낙서도 한다. 하지만 최근에는 휴대폰이나 스마트폰이 그 자리를 대신하면서 키보드로 타이핑을 하는 것이 추세가 되었고, 당연히 필기라는 것에서 멀어지게 되었던 것이다. 이제는 스마트폰 하나로 그것이 가능하게 된 것이다. 스마트폰으로 연필처럼 필기도 하고 그림도 그리고 낙서도 하고 메모도 하게 되었던 것이다. 바로 이러한 감성을 자극하는 스마트폰이 삼성전자에서 처음으로 개발되고 출시가 되었던 것이다.

이러한 갤럭시 노트의 출시는 애플이 만들지 못한, 개발하지 못한 새로운 개념의 스마트폰이었고, 그 결과 팽팽하게 박빙의 승부를 펼쳐오던 애플과 삼성전자의 스마트폰 대전은 삼성전자에게 승리를 안겨다 주는 결정적인 요인으로 작용하게 되었던 것이다.

갤럭시 노트가 세계를 제패하다

삼성전자가 5.3인치 스마트폰 '갤럭시 노트'를 출시한 후 해외 언론의 호평이 이어졌다.

2011년 9월 13일 출시도 되기 전에 독일의 IT 전문매체 『커넥트Connect』는 '유럽가전전시회 IFA 2011'에서 첫 선을 보인 갤럭시 노트에 대해 엄청나게 좋은 평가를 했다. 자체 리뷰 결과 5점 만점 평가를 받았다고 밝혔다. 『커넥트Connect』는 매월 12만 부 이상을 발행되는 모바일 통신 중심의 독일의 IT 전문 매거진인데, 갤럭시 노트에 대해 제품의 크기, 무게, 디스플레이, 디자인, 사용성, S펜 등 전반적인 항목에 대해 평가를 진행했고, 그 결과 "거의 모든 부분에서 확신을 주는 제품"이라고 호평을 했다. 무엇보다도 『커넥트Connect』가 그렇게 좋은 평가를 할 수 있게 해준 것은 갤럭시 노트가 세계에서 처음으로 선보인 5.3인치 디스플레이와 S펜의 필기 인식 기능 때문이다.

"갤럭시 노트는 스마트폰인가, 태블릿인가?'라는 질문으로 리뷰를 시작한 『커넥트Connect』는 갤럭시 노트가 태블릿은 물론 PC의 일부 기능까지 대체할 수 있을 것이라고 전망하며, S펜의 필기 기능을 매우 높게 평가해 주었던 것이다.

2012년 2월 9일 업계 소식에 따르면 프랑스에서 최고의 스마트폰으로 갤럭시 노트가 선정되었다는 것이다. 프랑스의 소비자 월간지 『크슈아지르Que Choisir』가 10여 개 제조사의 79개 제품을 놓고 실시한 스마트폰 사용성 평가에서 갤럭시 노트가 15.7점을 받아 1위에 올랐다. 이와 함께 갤럭시S2가 15.6점을 받아 2위에 올랐고, 갤럭시S와 갤럭시 넥서스가 각 15.3점으로 공동 6위에 올랐다. 애플의 아이폰4S는 15.5점으로 3위, 아이폰4는 15.2점으로 9위에 올랐다. LG전자의 옵티머스3D는 14.9점을 얻어 15위를 차지했다.

이 평가가 매우 의미가 있는 것은 평가 기간인 『크슈아지르Que Choisir』가 매우 공정하고 신뢰도가 높은 회사이기 때문이다. 이 회사는 미국의 『컨슈머리포트』와 유사한 프랑스 소비자 연맹 잡지로 소비자의 권익 보호를 위해 비상업적이고 객관적인 제품 평가ㆍ연구 결과를 게재해 현지 소비자 신뢰도가 매우 높은 회사이다. 이런 회사에서 공정하게 평가한 결과로 1위와 2위가 모두 삼성전자의 스마트폰이라는 것은 결국 삼성전자의 스마트폰이 확실히 세계 최고가 되었다는 의미와 같은 것이고, 이러한 사실을 반영이라도 하듯 이때부터 삼성전자는 세계 최고의 스마트폰 업체로 부상하기 시작했다.

갤럭시 노트가 세계를 제패한다는 사실을 더욱더 확고하게 보여준 사례는 갤럭시 노트의 후속 모델인 갤럭시 노트2의 판매 속도가 전작 갤럭시 노트 대비 5배나 빠른 속도를 내고 있다는 사실에서도 알 수 있다. 2012년 9월말 한국에서 출시된 갤럭시 노트의 후속작인 갤럭시 노트2는 출시 2개월 만에 글로벌 누적 판매 500만 대를 돌파했던 것이다. 이는 출시 5개월 만에 글로벌 누적 500만 대를 돌파한 전작인 갤럭시 노트의 판매 기록을 3개월이나 단축한 것이다.

갤럭시 노트보다도 갤럭시 노트2에 대해 해외 매스컴들의 호평이 더 많아졌음도 알 수 있다. 영국 IT 전문매체『모바일 초이스』는 삼성전자의 갤럭시 노트2에 대해서 사용 편의성, 성능과 기능면에서 더 이상 지적할 것이 없다며 별 5개 만점을 부여하면서 "갤럭시 노트2는 독창적이고, 훌륭하게 만들어졌다."고 덧붙였다. IT전문지『T3』도 갤럭시 노트2는 스마트폰과 태블릿을 접목시킨 '환상적인 패블릿Fantastic Phablet'이라고 극찬했다.

이처럼 삼성전자는 갤럭시S 시리즈를 토대로 하여 새로운 차원의 신개념 스마트폰인 갤럭시 노트 시리즈를 통해 스마트폰의 최강 주자로 부상하게 되었다고 볼 수 있다.

혁신이 빠진 아이폰 시리즈의 출시

"경천동지할 새로운 혁신은 없다. 하지만 기다려온 고객들의 기대 는 충족시킬 만하다."

애플은 2012년 9월 12일 예상대로 아이폰5를 출시했다. 이전까지 의 아이폰 시리즈들은 출시할 때마다 깜짝 놀랄만한 혁신에 혁신을 거듭하면서 출시를 했다. 그래서 매년 아이폰이 출시되는 9월에는 전 세계인들이 아이폰의 혁신에 감탄하면서 몇 달 후에 다가올 새해를 맞이하기도 했다.

그런데 갈수록 애플의 아이폰 시리즈에 혁신이 사라지고 있는 듯 하다. 주요 외신들 사이에서도 아이폰5에는 깜짝 놀랄만한 새로운 기 능은 없었다고 보도했다.

미국의 IT 전문지『지디넷』도 '아이폰은 진화했을 뿐 혁신적이지는 않다.'라는 지적을 내놓았다. 결국 세상의 관심을 한 몸에 받았던 아 이폰5 발표회는 소문만 요란했던 잔치로 막을 내렸다. 이 회사는 "아 이폰5의 외관 디자인은 놀랍도록 친숙했으며 아이폰5가 공개되는 순 간 이전과 같은 '데자뷰'를 보는 듯한 불편한 느낌이 들었다."라고 혹 평까지 서슴지 않았다.

언제나 애플은 비밀스러운 혁신 기능 등을 대거 추가한 새로운 애 플 시리즈를 출시하여 세계에서 가장 비밀스러운 회사라고 불리기도

제3부 삼성전자의 도약과 과제

| 아이폰 5 (출처 : 위키피디아) |

했지만 이번에 발표된 아이폰5에는 그 어떤 비밀도 없었다고 비즈니스인사이더는 혹평했다. "철저한 비밀주의로 유명했던 애플의 명성에 금이 갔다."고까지 보도했던 것이다.

아이폰5에 실망감을 감추지 못하는 가장 큰 이유는 그만큼 애플이 혁신적인 기업이었고, 신제품을 출시 때마다 세상을 놀라게 할 만큼 혁신적인 제품을 내놓았기 때문이다. 그런데 이번 신제품 출시에는 세상을 놀라게 하지 못했다는 것이다. 아이폰5는 혁신 대신 진화를 택했다. 외형적 변화가 눈에 띈다. 두께가 7.6mm로 아이폰4S보다 18% 얇아졌다. 스크린 크기는 0.5인치 늘어났다. 무게는 140g에서 112g으로 20%가량 가벼워졌다. 그러나 여기까지였다. 애플의 아이폰5가 세상을 놀라게 하지는 못했다.

그 이유는 무엇일까? 왜 갈수록 세계 최고의 혁신 기업이었던 애플에서 혁신다운 혁신 제품이 사라지고 있는 것 같은 느낌이 드는 것일까?

가장 큰 이유는 누구나 다 알다시피 세계 최고의 혁신가였던 스티브 잡스의 부재 때문일 것이다. 스티브 잡스가 사라지고 애플의 사령관인 팀 쿡이 내놓은 첫 아이폰이 바로 아이폰5이다. 최고의 경영자가 스티브 잡스에서 팀 쿡으로 전환되면서, 애플의 기업 문화와 분위기가 급격하게 달라졌기 때문이라고 할 수 있다.

2011년 애플을 떠난 맥스 팔리 전 부사장은 미국 경제지 『포춘』과의 인터뷰에서 "그동안 애플은 새로움을 추구하는 엔지니어 문화였는데 최근 들어 보수적인 경영엔진으로 변화하고 있는 듯하다."라고 밝혔다.

이 말을 증명이라도 하듯 팀 쿡 체제하의 애플은 혁신이 빠진 제품들을 계속 출시 해대고 있다. 아이폰5가 출시되기 6개월 전인 지난 3월에 출시된 뉴아이패드를 보아도 이러한 사실을 잘 알 수 있다. 기존 아이패드2에 비해 해상도, 그래픽 성능 등 사양 면에서는 향상을 이루었다. 그러나 디자인 면에서는 후퇴했을 뿐만 아니라 혁신적인 면은 어딜 봐도 찾아볼 수 없었던 것이다.

스티브 잡스가 만들었다면 이것과 완전하게 달랐을 것이라고 생각한다. 스티브 잡스는 누구보다 심플한 디자인을 고집하는 사람이다. 그래서 그는 디자인 최고책임자였던 조나단 아이브에게 막강한 권한을 부여했다. 또, 엔지니어들에게도 난이도 높은 디자인을 구현할 것을 주문한다. 군더더기 없는 깔끔한 디자인이 애플의 상징이 되었고, 세계를 놀라게 한 아이폰의 탄생에 더 큰 힘을 준 것은 아이폰의 심플한 디자인 혁명이었던 것이다. 스티브 잡스가 만든 모든 제품은 디자인 예술이라고 말할 수 있을 정도로 디자인적으로 예술적 가치가 뛰어났다. 맥 북, 아이팟, 아이폰, 아이패드는 모두 디자인 가치로만 평가해도 혁신 중에 혁신 제품이었던 것이다.

스티브 잡스가 빠진 애플은 모든 것이 달라지고 있다. 스티브 잡스가 사라진 애플은 우리에게 익히 알려졌던 바로 그 애플이 아니었던 것일까? 애플 기업의 모든 혁신은 스티브 잡스라는 최고의 혁신 아이콘을 통해서 나온 것이 전부였던 것일까? 조금 더 지켜보면 그 물음에 대해 확실히 알게 될 것 같다. 그렇게 오래 기다리지 않아도 될 것 같다.

혁신을 거듭하는 갤럭시 시리즈의 출시

혁신이 빠진 듯한 애플의 아이폰 시리즈 출시에 반해 삼성전자의 갤럭시 시리즈는 혁신을 더해가는 양상을 보여 주어 매우 대조적이다. 이러한 사실을 보여주는 것이 바로 2012년 5월 말에 삼성전자가 출시한 갤럭시S 시리즈의 세 번째 스마트폰인 갤럭시S3이다.

갤럭시S3는 출시도 안 했는데 1000만 대가 팔릴 정도로 인정받은 제품이다. 출시 후 50일 만에 1000만 대, 100일 만에 2000만 대가 팔렸던 것이다. 그리고 출시 157일 만에 3000만 대가 판매되었다. 1초 이내인 0.45초에 1대씩 판매가 된다는 말이다. 다시 말해 1초에 2대 이상 판매가 된다는 말이고, 이것은 하루에 19만 대가 판매되고, 에베레스트 산의 30배에 버금가는 높이를 갤럭시S3로 겹쳐서 쌓을 수 있다는 말이다.

갤럭시S3는 소비자들과 전문 평가 기관들과 전문가들로부터 꾸준히 찬사를 받고 있다. IT 전문매체를 통해 '올해의 스마트폰'으로 선정이 되기도 했다. 그리고 갤럭시S3는 영국 IT 전문매체『모바일 초이스』의 '모바일 초이스 컨슈머 어워드 2012'와『T3』의 '가젯 어워드 2012'에서 모두 '올해의 휴대폰'으로 선정되었다. 또한 미국 '컨슈머리포트'를 비롯해 프랑스, 이탈리아, 스페인, 네덜란드, 벨기에 등 유럽 5개 국가 소비자 연맹지 평가에서도 모두 스마트폰 부문 1위에 오른 바 있다. 결국 2012년 '올해의 최고의 스마트폰'으로 그 우수성을 평가받았다는 것이다. 끊임없이 새로운 스마트폰들이 경쟁사들을 통해 출시되고 있는 상황이기에 순위는 여전히 유동적이다. 하지만 아이폰 시리즈의 돌풍이 완전하게 꺾인 것은 사실이라고 할 수 있을 것이다.

스마트폰 기술력과 혁신성을 바탕으로 인간 중심의 사용자 환경, 기술, 디자인 등이 결합된 '인간 중심의 디자인Designed For Humans'이라는 메시지와 함께 감성에 호소하는 광고 등 차별화된 마케팅이 삼성전자 갤럭시S3의 히트에 큰 영향을 주었다고 전문가들은 분석하고 있다. 한 가지 분명한 사실은 갤럭시S3를 통해 삼성전자는 더욱더 1위 자리를 굳건하게 하고 있다는 점이다.

여기에서 멈추지 않고 삼성전자의 도전은 계속되었고, 그 결과 그 어떤 기업에서도 만들어 내지 못했던 새로운 개념의 스마트폰, 스마트폰과 태블릿을 접목시킨 '환상적인 패블릿^{Fantastic Phablet}'을 탄생시켰다.

제6장

삼성전자에만 있고 애플에는 없는 것

디자인과 사용자 경험으로 세계를 넘어서다

애플의 아이폰은 2011년을 기점으로 정점에 도달했고 이제는 하향 곡선을 그리고 있다고 필자는 분석한다. 그리고 이에 반해 삼성전자의 갤럭시 시리즈는 2012년에 비로소 정점에 도달하고 있다고 분석한다.

『손자병법』의 '전승불복'의 원리처럼 승리는 절대로 영원할 수 없으며, 반복될 수 없다. 반복된 승리를 하기 위해서는 끊임없이 새로운 무기의 출시가 필요하다. 삼성전자는 바로 이러한 사실을 잘 알고 있었던 것 같다. 갤럭시S 이후 갤럭시S2가, 그리고 갤럭시S2보다 갤럭시S3가 한 차원 더 높은 디자인과 사용자 경험을 강조해 나가면서 소비자들의 마음을 사로잡고 있기 때문이다. 즉 삼성전자는 더욱더 수준 높은 스마트폰을 출시하고 있고, 이것은 전 세계 소비자들로 하여금 삼성전자 제품에 대한 기대와 관심을 가지게 만들기에 충분했던 것이다.

애플의 아이폰이 아이폰4S 이후로 감성적인 디자인은 후퇴하고 획기적인 기능은 사라짐으로써 아이폰의 가장 큰 경쟁력인 디자인과 혁신이 빠진 아이폰 시리즈가 되고 있다. 이에 전 세계 소비자들의 기대와 관심은 사라지게 되었던 것이다.

삼성은 최근 '디자인드 포 휴먼스designed for humans'를 내걸며 사용자 경험을 강조하고 있다. 갤럭시S3의 홍보 전략도 과거 모델들과 다르다. 즉 삼성전자의 전략이 더욱 치밀해지고 있고, 지능적으로 변했다는 것이다. 애플은 갈수록 평범해져 가고 있는 것에 반해 삼성전자는 갈수록 비범해져 가고 있다는 말이다.

과거 갤럭시 모델들이 '세계 최초 기술'을 강조한 것과 대조적으로 '인간', '휴먼'과 같은 용어를 광고에 자주 등장시키는 삼성전자의 전략은 매우 중요한 의미를 가지고 있다. 이제 삼성전자도 기술력에 국한된 제품이 아니라 혁신다운 혁신 제품의 개발에 눈을 뜨기 시작했다는 것이다. 갤럭시S3에는 혁신 기능인 사용자 중심의 기능이 들어 있다. 사용자의 얼굴과 눈을 인식해 사용자가 화면을 보고 있을 경우 자동으로 화면 꺼짐을 방지해 주는 '스마트 스테이^{Smart stay}' 기능과 문자 송수신 화면이나 통화 목록 화면을 보다가 전화기를 귀에 대면 자동으로 전화를 걸어주는 '다이렉트 콜^{Direct call}' 기능 등이 대표적이다.

한 차원 높아진 삼성전자의 디자인과 사용자 중심의 혁신 기능이 삼성전자의 제품에 추가되기 시작했고, 이것이 결국에는 성공으로 이어지게 되는 것이다.

애플의 초창기 아이폰이 돌풍을 일으켰던 요인 중에 하나는 인간의 삶, 즉 라이프 스타일을 완전하게 바꾸어 놓았기 때문이다. 그저 휴대폰 중에 조금 더 기능이 좋아지고 성능이 좋아진 수준에서 벗어나 그것을 소유한 사람의 라이프 스타일을 바뀌게 해주는 스마트폰은 애플의 아이폰이 최초였던 것이다. 그래서 애플이 혁신 기업이라는 소리를 듣게 되었던 것이다. 그리고 이것이 2009년부터 2011년 동안 애플의 현상이었던 것이다.

하지만 2011년부터 삼성전자의 제품은 새로운 스마트 라이프를 창조해 나가는 그러한 제품, 즉 그저 기능이나 성능이 더 추가되고 좋아진 진보된 휴대폰의 수준을 뛰어넘어 그것을 가진 사람의 라이프 스타일이 변화되는 그런 혁신 제품이 나오기 시작했던 것이다.

대표적인 사례가 바로 갤럭시 노트였다. 필기를 스마트폰으로 할 수 있다는 것은 기존의 스마트폰을 가지고는 도저히 할 수 없는 것이었고, 이것은 라이프 스타일을 바꾸어 놓을 수 있는 혁신 제품이었던 것이다. 삼성전자는 그동안 패스트 팔로워로서의 한계를 보여주었지만, 갤럭시 노트를 통해 새로운 스마트기기의 범주를 연 혁신 기업으로 부상하게 되었다.

우리 주위에서 살펴보면 갤럭시 노트나 갤럭시 노트2를 가지고 그림을 그리는 사람, 사진을 찍어서 수정 사항을 바로 표기하여 동료나 업체 사람들에게 전송하는 사람, 통화를 하면서 동시에 스마트폰에 메모를 하는 사람, 스마트폰에 낙서를 하거나 사진을 찍고 바로 장소와 일시를 표기하는 사람 등을 어렵지 않게 발견할 수 있다. 삼성전자가 그동안 꾸준히 갤럭시 노트를 가진 사람만이 할 수 있는 새로운 라이프 스타일 '창조'를 강조한 결과이다. 다시 말해 갤럭시 노트는 새로운 스마트 라이프를 창출해 나가고 있는 것이다.

삼성전자의 갤럭시 노트2 광고를 보면 새로운 스마트 라이프 창조를 넘어 모든 사람들을 예술가로, 창조가로 변신할 수 있도록 해주는 듯하다. 이 광고는 'Be Creative'라는 카피와 함께 갤럭시 노트2로 누구나 크리에이티브해지고, 예술가가 되고, 창조적인 삶을 살아 갈 수 있게 될 수 있음을 잘 보여 준다. 그야말로 새로운 세상이 펼쳐지는 것이다. 광고 속의 콘셉트는 일상 속에서 무심코 흘려버리기 쉬운 생각까지 놓치지 않도록 갤럭시 노트2가 도와주고 이를 바탕으로 만들어진 아이디어가 세상을 더욱 크리에이티브하게 만든다는 것이다.

결국 삼성전자의 전략은 갤럭시 노트 시리즈를 통해 사용자들이 더 풍요로운 삶을 누릴 수 있도록 하겠다는 브랜드 철학과도 일맥상통한다. 삼성전자의 갤럭시 노트가 열풍을 불러일으킬 수 있었던 원인 중에 하나는 삼성전자만의 차별화된 마케팅 전략도 큰 몫을 했던 것이라고 분석해 볼 수 있다.

삼성전자만의 갤럭시 노트 탄생 비밀

그렇다면 지금 이렇게 열풍을 일으키고 있는 삼성전자의 갤럭시 노트는 어떻게 해서 탄생하게 되었던 것일까?

필자는 이 비밀을 잘 알고 있다. 그 이유는 필자는 삼성전자에서 11년 동안 지금의 갤럭시S와 갤럭시 노트의 개발 수장인 신종균 사장을 비롯 그 밑에서 개발을 전담한 사람들과 실제로 같은 부서에서 일을 해봤기 때문이다. 그래서 누구보다 삼성전자 무선 사업부를 잘 알고 있다. 그리고 더 중요한 사실 한 가지는 삼성전자가 이미 갤럭시 노트의 혁신인 S펜에 대한 아이디어와 경험을 가지고 있었다는 점이다. 정확히 7~8년 전쯤에 비슷한 제품을 개발해 본 적이 있었다.

물론 지금의 갤럭시 노트와는 비교도 안될 정도의 낮은 수준의 제품이었지만 그 당시에 개발했던 경험과 노하우, 아이디어가 갤럭시 노트라는 획기적인 신개념의 제품, 태블릿도 아니고 스마트폰도 아닌 새로운 휴대폰 종류를 탄생시키는 데 그 뿌리가 되어 주었던 것이다. 필자가 그렇게 분석하고 있는 제품은 바로 삼성전자가 2000년대에 개발하여 판매한 적이 있는 PDA폰인 '넥시오'이다.

필자 역시 이 '넥시오'를 직접 사용해 본 적이 있다. 넥시오의 가장 큰 특징은 스타일러스 펜이다. 2000년대 초에 삼성전자의 컴퓨터사업부가 개발한 PDA인 '넥시오'는 진화를 거듭했고, CDMA 기반의 PDA폰 개발은 무선사업부가 맡게 되었다. 그래서 스타일러스 펜을 사용하는 PDA의 기술과 노하우와 경험이 고스란히 무선사업부로 옮겨오게 되었고, 무선사업부는 이러한 PDA 기술력과 노하우와 경험을 토대로 더 나은 PDA폰을 지속적으로 개발하면서 기술력을 축적시켰던 것이다.

필자 역시 이러한 스타일러스 펜 기반의 PDA폰을 직접 설계하고 개발하기도 했다. 그렇기 때문에 갤럭시 노트의 출시 소식을 접하고 가장 먼저 떠오른 것이 결국 오래 전부터 스타일러스 펜을 사용해 PDA를 개발한 경험이 토대가 되어 한 차원 높은 갤럭시 노트가 탄생할 수 있게 되었다는 사실이었다. 삼성전자만이 갤럭시 노트를 만들 수 있었던 비밀은 여기에 있다. 삼성전자는 알게 모르게 스타일러스 펜을 사용한 PDA, PDA폰, 스마트폰 등을 다른 업체보다 훨씬 더 많이 개발한 경험을 가지고 있었기 때문이다.

애플의 스티브 잡스가 앱스토어 기반의 아이폰을 만들어 낼 수 있었던 것이 오랫동안 개발해 왔던 다양한 제품과 서비스의 경험, 기술과 노하우 때문이었다는 것에 대해 앞에서 설명한 적이 있듯이 삼성전자의 혁신 제품의 탄생도 맥락을 같이 한다고 볼 수 있는 것이다.

한국인의 민족 문화가 갤럭시 노트를 탄생시켰다

한국인만이 가지고 있는 신바람 나는 기운은 2002년 월드컵을 통해 전 세계에 알려진 바 있다. 그리고 2012년은 싸이를 통해 알려지고 있다. 또 삼성전자라는 기업을 통해 알려지고 있다.

스티브 잡스는 손가락으로 무엇인가를 붙잡고 사용하는 펜에 대해서 매우 부정적인 견해를 가지고 있었다. 그가 스타일러스 펜에 대한 의견을 묻는 기자들을 향해 내던진 말을 들어 보라.

"스타일러스 펜을 쓴다고요? 아니, 아니요. 누가 스타일러스를 원할까요? 쓰다가 잃어버리기도 하고. 윽! 아무도 펜을 원하지 않습니다."

하지만 한국인들은 세계적으로도 손가락을 가장 잘 사용하고, 손가락을 통한 젓가락 문화가 가장 잘 발달했을 뿐만 아니라 본능적으로 펜이나 젓가락을 좋아한다. 젓가락 문화Chopsticks Culture를 비롯해서 손가락으로 무엇인가를 사용해서 하는 것을 매우 좋아하고, 또 그런 것에 매우 익숙한 민족이다. 그런 민족에게 아이폰과 같이 펜이 없는 스마트폰보다는 갤럭시 노트와 같은 펜이 있는 스마트폰이 더 절실하게 필요했을지도 모른다.

결국 스마트폰 시대를 이어 나가는 새로운 패블릿 시대를 삼성전자가 열어가게 된 것은 한국의 민족 문화와 깊은 관련이 있다고 분석해 볼 수 있다. 한국인의 문화가 갤럭시 노트를 탄생시켰다는 것이다. 삼성전자는 끊임없이 손가락으로 펜을 잡고 사용하는 스마트 기기에 대한 집착을 버리지 못했던 것이다. 한국인들은 펜, 젓가락 등을 무척 좋아한다.

유독 삼성전자가 S펜의 뿌리가 된 스타일러스 펜을 사용하는 것에 대해 집착을 해 왔다. 그 집착은 2000년대 초부터 시작되었고, 끊임없이 스타일러스 펜을 사용하는 PDA폰들을 개발하고 출시해 왔다.

삼성에서 출시된 PDA폰은 대부분이 스타일러스 펜이 있다. 삼성전자 애니콜 SPH-M4300을 비롯해서 대부분의 폰들은 스타일러스 펜이 기본적으로 장착되어 있다.

그리고 PDA폰이 아니터라도 일반 피처폰에서도 최소한 스타일러스 펜이 휴대폰 사용을 편리하게 하기 위해 액세서리로 공급되거나 기본적으로 제공되기도 했다. 한국에서 삼성의 휴대폰을 사용해 본 적이 있는 소비자들이라면 한두 번은 스타일러스 펜을 분실해서 곤

란을 겪은 경험이 있을 것이다. 물론 S펜은 분실했을 때 엄청나게 불편하다. 하지만 우리는 분실을 걱정해서 젓가락 없이 김밥을 먹지는 않는다.

최소한 한국인들에게는 젓가락이 필수이다. 이것이 우리 한국인의 젓가락 문화이다. 스티브 잡스는 펜이 거추장스럽고 분실 위험도 있다고 매우 싫어했다. 하지만 스티브 잡스는 펜을 가지고 키보드를 대용하고 누르는 것만을 생각했다. 하지만 펜으로는 글씨를 쓸 수 있고, 그림을 그릴 수 있고, 좀 더 정교하고 디테일하게 스마트폰을 사용할 수 있다는 생각은 하지 못했다. 스티브 잡스는 글씨를 쓸 때 빠른 키보드 타이핑이면 될 것이라고 생각했고, 손가락으로 그림을 그리면 된다고 생각했다.

하지만 S펜을 통해 글씨를 쓰고, 그림을 그리는 것은 손가락으로 쓸때나 그릴 때와 감성적으로 전혀 다른 느낌이 든다. 뿐만 아니라 S펜으로만 할 수 있는 애플리케이션이 많이 나오고 있는데, S펜이 없으면 이러한 것들을 할 수 없다.

젓가락 문화가 발달한 곳은 한국뿐만이 아니다. 중국과 일본도 그렇다. 그래서 보면 일본 전자펜기기 전문업체인 와콤Wacom이 갤럭시노트의 바로 그 S펜을 만든 회사라는 것이 또한 이런 맥락 속에서 이해가 된다. 젓가락 문화가 아닌 포크 문화를 사용하는 서양인들에게는 젓가락이나 펜의 사용에 대한 집착이나 본능이 없는 것이다. 결국

인류의 대세는 서양이 아니라 동양으로 흘러가고 있는 듯한 묘한 분위기마저 느껴지는 것은 왜일까?

스마트폰과 태블릿을 접목해 패블릿 시대를 열다

갤럭시 노트2를 두고 IT전문지 『T3』는 "갤럭시 노트2는 스마트폰과 태블릿을 접목시킨 '환상적인 패블릿Fantastic Phablet'이라고 극찬한 적이 있다."고 앞에서도 잠깐 언급을 했듯이 갤럭시 노트2는 진정한 '패블릿'의 시대를 연 혁신적인 제품이라고 하지 않을 수 없다.

패블릿Phablet이랏 스마트폰과 태블릿의 합성어적인 개념의 신조어라고 할 수 있다. 그리고 새로운 개념의 스마트 시대를 열어 가고 있는 새로운 라이프 스타일을 창조하는 혁신 제품이다. 이러한 패블릿Phablet의 시대를 연 것이 바로 삼성전자인 것이다. 이제 비로소 삼성전자는 패스트 팔로워에서 완전하게 퍼스트 무버가 된 것이다.

갤럭시 노트, 즉 패블릿은 이 세상에서 삼성전자가 최초로 만들었기 때문이다. 그리고 삼성전자가 최초로 만든 패블릿이 지금 스마트폰의 시대를 뛰어넘어 새로운 패블릿의 시대를 열어가고 있다. 갤럭시 노트의 광고에서도 알 수 있듯이, 엄밀하게 말하면 갤럭시 노트는 스마트폰이라고 하기에도 뭔가 이상하고, 그렇다고 태블릿 PC라고 하기에도 어색하다. 결론은 하나다. 갤럭시 노트는 갤럭시 노트이고, 그것은 다른 말로 '패블릿'이다. '패블릿'이라는 새로운 시대를 연 삼성 전자의 갤럭시 노트는 이제 패블릿의 선두 모델이며, 삼성전자는 선 두 주자가 되었다.

패블릿 시대를 연 삼성전자와 한국의 젓가락 문화를 공유하고 있 는 국내기업인 LG전자 두 기업이 전 세계의 '패블릿' 시장을 사실상 '싹쓸이'하고 있다고 해도 과언이 아니다. 2012년 12월 2일 글로벌 시 장조사기관인 스트래티지 애널리틱스[SA]의 발표에 따르면 3분기 세계 패블릿 시장에서 삼성전자는 점유율 78%를 기록하며 최강자의 입지 를 확고히 다지고 있다. 여기에 덧붙여 LG전자도 역시 글로벌 점유율 14%를 기록하면서, 이 두 국내 업체의 시장점유율이 무려 92%에 달하 고 있다. 세계에서 팔리는 패블릿 10대 가운데 8대가 삼성전자 제품이 다. 한국의 기업들이 인류에게 패블릿 시대를 열어주고 있음을 아무 도 부인할 수 없게 된 것이다.

삼성전자에만 있는 독특한 팀

애플과 소니와 삼성전자는 모두 비슷한 IT 업체들이다. 하지만 이 들에게는 큰 차이가 있다. 그것은 바로 자체 제조경쟁력이다. 자체 제조경쟁력이 있는 회사와 없는 회사의 가장 큰 차이는 위탁 생산을 하느냐 자체적으로 생산을 하느냐의 차이로 대변될 수 있다. 실제로 애플은 모든 제품을 중국의 위탁생산업체인 폭스콘^{Foxconn}을 통해서 생산한다.

반면에 자체 제조경쟁력이 있는 삼성전자는 자체적으로 대부분을 생산한다. 그리고 자체 제조경쟁력이 있는 회사와 위탁 생산만을 하는 애플의 가장 큰 차이는 상생 문화의 유무이다. 삼성전자는 항상 협력회사와의 파트너십과 상생을 중요시 해왔다.

"대기업과 중소기업은 부부와 같다. 어느 한쪽도 혼자서는 불완전하며 힘을 합쳐야 제대로 기능을 발휘한다. 중소기업은 고객 만족과 품질 향상을 위해 함께 뛰는 '2인 3각'의 파트너다. 하청업체가 아니라 자식까지 대를 물려가면서 거래하는 공존공영의 '협력사'로 자리매김해야 한다."

이건희 회장은 오래전인 1997년에 이렇게 역설하면서 상생 협력을 강조해 왔던 것이다. 그 결과 애니콜 신화의 보이지 않는 밑거름이 되어 준 새로운 차원의 PCB 기술을 국내 업체와의 상생을 통해 성공적으로 개발해 내고, 삼성전자의 휴대폰에 적용함으로써 도약의 발판으로 삼을 수 있게 되었던 것이다.

즉 애플에는 상생협력팀이라는 것이 없지만, 삼성전자에는 상생협력팀이 있다. 이것은 결국 상생 경영을 통해 다 함께 잘 살아야 한다는 철학, 사회에 공헌을 해야 한다는 경영 철학에서 비롯된 것이라고 생각해 볼 수 있다. 삼성전자가 애플처럼 해외에서 위탁생산하지 않는 이유가 바로 여기에 있다. 자체 제조경쟁력을 포기하지 않고 제대로 된 물건을 만드는 제조력을 중요시 했기에 협력사들이 동반 성장할 수 있었음을 부인할 수 없다. 애플을 비롯해 일본의 소니, 파나소닉 등도 모두 자체 제조경쟁력을 포기했지만 삼성전자는 한국 기업의 우수성을 잘 알고 있었고, 동반 성장을 추구했던 것이다. 변혁의 시대에 삼성전자의 선택이 옳았다는 것을 경영 성과가 말해 주고 있다. 일본의 전자 업체들이 몰락을 거듭하고 있는 이유 중에는 이러한 이유가 없다고 할 수 없을 것이다.

한국인들은 세계 어디를 가도 독창적이고 가장 우수한 민족이라는 것을 느낄 수 있다. 최첨단의 IT 분야에서 이미 한국인들은 우수한 창조성을 유감없이 발휘해 냈다. 삼성전자가 스마트폰 약자에서 강자로 단기간에 우뚝 설 수 있었던 것도 한국인들의 핏속에 흐르는 우수한 창조성 때문인지도 모른다.

1997년 3월, 세계 최대의 정보통신 전시회였던 세빗^{CeBIT} 전시회가 독일 하노버시에서 열렸다. 이 전시회의 한쪽 부스에 모인 사람들은 놀라움을 금치 못했다. IMF로 외환위기를 겪고 있던 작은 나라의 이름도 없던 회사에서 세계 최초의 MP3 플레이어인 'MP맨'을 전 세계 사람들에게 공식적으로 공개했기 때문이다. 세계 최초의 MP3플레이어를 만든 곳은 한국의 벤처 기업인 디지털캐스트였고, 이 회사는 1997년 2월부터 이 제품을 출시하기 시작했다. 한국인이 세계 최초의 MP3 플레이어를 만들었고, 그 후로도 한국의 많은 벤처기업들이 더 나은 MP3 플레이어를 만들어 출시하게 되었다. 하지만 4년 후인 2001년 11월에 스티브 잡스가 조금 더 혁신이 가미된 '아이팟'을 출시하면서 MP3 플레이어의 대명사는 아이팟이 되었던 것이다.

다시 말해, 세계 최초는 한국이었고 한국인이었다. 그것을 스티브 잡스는 네트워크와 결합하여 새로운 음악 생태계 구축에 성공했던 것이다. 그리고 그러한 아이팟의 성공은 또한 아이폰 개발의 밑거름이 되어 주었던 것이다.

새로운 크리에이티브 강자로 부상한 삼성전자

2012년 하반기는 삼성전자가 갤럭시S2와 갤럭시S3 그리고 갤럭시 노트2를 통해 확실하게 새로운 크리에이티브 스마트폰 강자로 자리매김한 시기이다.

수많은 사람들이 삼성전자의 갤럭시 노트와 S펜으로 S메모에 다양한 글씨체를 선보이고, 감성다이어리를 만들고, 연애편지를 쓰고, 작은 아이디어들을 모으는 아이디어 모음집을 만들고, 일상을 쓰고, 그리고 자신의 라이프를 스케치하고 있다. 디지털 기기로 아날로그적인 삶을 구현하며 살아가는 새로운 라이프 스타일의 창출인 것이다. 이러한 라이프가 가능하게 해준 것은 애플도 아니고 노키아도 아닌 삼성전자의 갤럭시 노트 즉, 삼성전자 최초의 패블릿, 인류의 최초의 패블릿이다. 이렇게 신개념의 패블릿 시대를 연 삼성전자는 이제 새로운 크리에이티브 강자라고 해도 아무도 부인할 수 없게 되었다.

스마트폰은 정말 대단한 문명의 이기가 아닐 수 없다. 그렇다면 이러한 스마트폰은 누가 가장 먼저 만들었을까?

정확히 말하자면 지금으로부터 20년 전인 1992년에 IBM이 최초로 개발했다. 그리고 일반 대중에게는 1993년에 공개되었다. 이것이 바로 '사이먼Simon'이라고 불린 최초의 스마트폰이다. 이십 년 전에 달력, 주소록, 계산기, 메모장, 이메일, 팩스 기능을 다 가지고 있을 뿐만 아니라 온스크린 키보드와 검색을 위한 터치스크린까지 탑재한 스마트폰이 개발되었다는 사실은 스마트폰 후진국이었던 한국과 타 기업에게는 충격이었다.

물론 세계 최초에 대한 논란은 있을 수 있지만 이 폰은 세계 최초의 터치폰이기도 하다. IBM을 이어서 스마트폰 제작에 성공한 기업이 바로 14년 동안 휴대폰 업계 1위를 지켜온 거대한 공룡 기업 노키

아였다. 노키아는 최초의 스마트폰인 사이먼이 이 세상에 나오고 3
년 후인 1996년에 휴렛팩커드사가 개발한 PDA와 자사의 베스트셀
러 휴대폰을 성공적으로 결합시킨 최초의 스마트폰을 출시했다. 그
것이 바로 '노키아 9000 커뮤니케이터'라는 폰이었다.

노키아 9000은 주머니 속의 오피스라 할 수 있었다. 재미있는 특징
은 닫았을 때는 일반 폰처럼 보이고, 열었을 때는 키보드와 화면이 나
타난다는 것이다. 물론 90년대의 기술력으로는 달력, 주소록, 계산기,
메모장, 이메일, 팩스 기능 등과 같은 스마트폰의 모든 기능을 하나의
장치 안에 담기에는 여전히 커다란 본체가 필요했던 것이다. 그럼에
도 불구하고 그 당시에 노키아 9000은 컴퓨터 책상에 앉지 않아도 인
터넷에 접속하고 이메일을 이용할 수 있다는 점만으로도 충분히 매력
적이고 특별한 도구처럼 보였다.

이렇게 선진 기업들은 한국의 기업들보다 많게는 수십 년을 앞서
나갔던 것이다. 당시에 한국의 기업은 피처폰조차도 제대로 만들어
내지 못하고 있었다는 것이 현실이었다. 겨우 삼성전자가 애니콜 신
화를 통해 IT 강국으로서의 체면을 유지하고 있었던 것이다. 3년 전
만 해도 글로벌 스마트폰 시장에서 삼성전자를 비롯한 한국의 기업은
빅5 안에 들지도 못하는 초라한 성적을 보였다. 그런데 3년 만에 한국
의 삼성전자는 스마트폰 시장에서 넘버원이 되었던 것이다. 그리고
그것도 아주 크리에이티브한 신개념의 스마트폰인 갤럭시 노트를 개

제3부 삼성전자의 도약과 과제

발하여 새로운 패블릿 시대를 열어가는 선두주자가 되어가고 있다.

　2012년 3분기의 스마트폰 시장점유율을 보면 삼성전자가 압도적인 1위를 기록했다. 그뿐만 아니라 전체 휴대폰 시장점유율에서도 삼성전자는 1위를 여전히 차지하고 있고, 2위인 노키아와 격차를 더 벌이고 있다. 과거에 IBM과 노키아가 오랫동안 선두주자로 질주를 한 것처럼, 이제 삼성전자는 그러한 승자의 질주를 오래할 수 있기 위해서는 더욱더 크리에이티브해져야 한다는 것은 말할 필요도 없을 것이다. 명실상부한 새로운 크리에이티브 강자로 도약한 삼성전자의 눈부신 미래를 기대해 본다.

제조사	2012년 3분기 출하량	2012년 3분기 시장점유율	2011년 3분기 출하량	2011년 3분기 시장점유율	연간 성장률
삼성	105.4	23.7%	87.2	20.1%	20.9%
노키아	82.9	18.7%	106.5	24.5%	−22.2%
애플	26.9	6.1%	17.1	3.9%	57.3%
LG전자	14.0	3.1%	21.1	4.9%	−33.6%
ZTE	13.7	3.1%	17.6	4.1%	−22.2%
기타	201.6	45.3%	184.6	42.5%	9.2%
종합	444.5	100.0%	434.1	100.0%	2.4%

| 2012년 3분기 Top5 휴대폰 제조사 출하량 및 시장점유율 (단위: 백만대) |

출처 : IDC Worldwide Mobile Phone Tracker, October 25, 2012

제 4 부

삼성전자,
과연 그들은 누구인가?

제7장

삼성전자의 과거와
오늘 그리고 미래

삼성전자의 과거 _ 상품 기획서조차 없던 이류 회사

"새로운 상품을 생산할 때 아직도 상품 기획서가 없는 회사가 삼성이다."

이건희 회장이 회장으로 취임했을 때인 1987년을 전후로 하여 그 당시 일본인 고문이었던 후쿠다에게 자문을 구하여 작성하게 한 '후쿠다 보고서'의 충격적인 내용의 일부이다. 즉 삼성전자의 과거의 모습은 한 마디로 이류 기업이었다는 것이다. 이 보고서를 토대로 살펴보면, 그 당시 삼성은 그야말로 구멍가게 수준의 체계 없는 경영을 해 오던 회사였다. 특히 한국인 특유의 대충대충 문화가 판을 쳤다. 새로운 상품을 생산할 때 기획서도 없이 구체적이지도, 철저하지도 못한 주먹구구식 관행이 넘쳐 났다. 흥청망청 소비하는 문화가 주류였고, 문제가 발생했을 때는 눈에 보이는 부분만을 고치고 개선하는 상식과 원칙이 통하지 않는 이류 회사였던 것이다.

하지만 삼성전자는 무섭게 바뀌기 시작했다. 특히 그 변화와 혁신의 주체는 삼성의 임직원들 전체였지만, 그것을 이끈 사람은 이건희 회장이었음을 아무도 부인할 수 없다. 삼성전자가 한국 전자산업의 발전을 선도했을 뿐 아니라 애니콜 신화, 반도체 신화, 정보가전 신화, 경영 혁신, 디지털 경영 체제의 성공적 전환, 글로벌 시장 공략과 해외 현지화 전략 수행 등에 앞장섰다. 대한민국 대표 기업으로 부족함이 없어 보인다.

삼성전자는 2004년 말 국내기업으로서는 최초로 순이익 100억 달러를 돌파한 기록을 세웠다. 세계적으로 순이익 100억 달러를 돌파한 기업은 2003년 기준으로 총 9개 회사에 불과하며, 그것도 순수한 제조업체로서는 두 번째였다. 삼성전자의 반도체는 1992년부터 D램 분야를 시작으로 1993년 메모리, 1995년 S램, 2003년 플래시메모리, 2004년 MCP 분야에서 세계 1위를 차지했고, 휴대폰은 1999년 1,000만 대 판매였던 것이 2003년 5,000만 대, 2004년 1억 대를 기록하여 '연간 휴대폰 1억 판매시대'를 열며 글로벌 시장에서 Top5 안에 들 정도로 앞서 나가기 시작했다. 2005년 2월 홍콩 AC닐슨 인터네셔널 리서치는 'AWSJ 200' 순위 발표에서 '25개 대표 다국적 기업'에 삼성전자를 포함시켰다. 2006년에는 『포춘』이 선정하는 '세계에서 가장 존경받는 기업 The World's Most Admired Companies' 순위에서 삼성전자가 2005년 39위 대비 12계단 급상승한 27위에 올랐다. (출처 : 『삼성전자 40년, 도전과 창조의 역사』)

특히 삼성전자는 2007년 매출 1000억 달러를 돌파하여 세계 전자업계 Top3로 부상했다. 결론적으로 삼성전자의 과거를 되돌아보면 눈부신 성장을 했다고 말할 수 있다.

삼성전자의 현재 _ 세계적인 기업들과 경쟁하다

2009년부터 2012년까지 삼성전자의 성장은 그 전 이십 년 동안의 눈부신 성장보다 더 경이롭다. 2010년 1월 29일 드디어 삼성전자는 세계 최대 정보기술IT업체로 부상했다. 『파이낸셜타임스FT』는 삼성이 매출 기준으로 미국의 휴렛팩커드HP를 제치고 세계 IT업계 1위에 올랐다고 보도했다. 특히 2012년에 들어와서 삼성전자는 매 분기 사상 최고 매출 기록을 세우면서 경이로운 성장을 해 나가고 있다. 글로벌 경기 침체라는 현실을 감안해 볼 때 경이롭기까지 하다.

2012년 3분기에도 바로 전 2분기와 마찬가지로 사상최대 분기실적을 또 기록했다. 뿐만 아니라 2011년 브랜드가치가 17위였던 삼성전자는 순위를 또 한 번 갱신해 버렸다. 2012년 브랜드 조사에서 9위(인터브랜드 발표)로 뛰어올랐기 때문이다. 최근 3년 동안 삼성전자의 성장은 눈부신 정도가 아니라 드라마틱하고 경이로운 수준이다. 이러한 삼성전자의 드라마틱하고 경이로운 최근의 도약이 가능했던 단 한 가지 이유는 바로 삼성전자 스마트폰의 성공 때문이다. 삼성전자 스마트폰의 기적과 같은 성공이 없었다면 이러한 극적인 도약은 또한 없었을 것이다.

삼성전자는 이제 세계 최강의 기업들과 어깨를 나란히 하며, 그들과 경쟁을 하고 있는 기업으로 평가받는다. 즉 세계 최고 기업으로 여러 측면에서 평가받고 있음을 알 수 있다.

미국 산업 디자이너 협회ISDA가 주관한 세계 최고의 디자인 공모전인 'IDEAInternational Design Excellence Awards 2012'는 2012년 8월 18일 보스턴에서 개최되었다. 여기에서 삼성전자는 7개 제품의 본상 수상과 13개 제품의 파이널리스트 진출로 단일 기업으로서는 최다 수상 기업으로 선정되는 영예를 누렸다. 이는 삼성전자가 과거의 패스트 팔로워가 아니라는 것을 입증해 주는 사례가 아닐 수 없다.

2012년 11월 20일 경제전문지『포브스』는 컨설팅 기업 다치스 그룹Dachis Group이 선정한 '사회적 브랜드 상위 20위'를 공개했다. 이것은 소셜네트워킹서비스^{SNS}를 통해 가장 활발하게 시장과 사회에 참여하는 기업을 의미한다. 여기에 삼성전자는 아시아계 기업으로는 유일하게 이름을 올렸다. 1위는 미국 최대 최고의 커뮤니케이션 및 미디어 기업 비아콤이 차지했다. 그리고 월트디즈니 2위, 미국의 미디어그룹 뉴스코퍼레이션 3위, 구글 6위, 나이키 7위, 마이크로소프트 11위, 코카콜라 12위 등으로 선정됐다.

미국 샌프란시스코 일간지인 『샌프란시스코크로니클』은 2012년 11월 21일 국제 환경단체인 그린피스가 실시한 글로벌 친환경 정보·기술^{IT} 기업평가에서 삼성전자가 7위를 기록했다고 보도했다. 1위 기업은 인도의 '위프로^{Wipro}'로 10점 만점에 7.1점을 받았다. 뒤를 이어 휴렛팩커드가 5.7점, 노키아가 5.4점, 에이서가 5.1점, 델이 4.6점, 애플이 4.5점을 받았다. 삼성전자는 4.2점을 받아서 그 뒤를 이었고, 그 다음으로 소니, 레노버, 필립스 등이 그 뒤를 이었다. 이처럼 삼성전자의 오늘은 세계 최고 기업들과 어깨를 나란히 하고 있는 기업의 모습을 정확하게 보여주고 있다.

삼성전자는 세계 1등 기업이라고 말할 수 있다. 왜냐하면 삼성전자가 현재 만드는 제품 중 세계 1등 품목은 수십 가지가 되기 때문이다. 스마트폰을 비롯해서 반도체 D램, 낸드플래시, 그리고 가전제품인 TV 등으로 세계 전자 기업들 중 독보적인 위치에 올라 있다.

하지만 1등을 하고 있다고 마냥 좋아해서는 안된다. 2등은 오히려 살아남기 쉬운 전략이 있지만, 1등에게는 그 어떤 전략도 없다. 그저 앞서나가야 한다는 것밖에는 없다. 그래서 1등이 가장 힘들고 어려운 자리인 것도 사실이다.

삼성 그룹 내부 언론인 『미디어 삼성』에는 한때 '1등 기업의 함정'이라는 기사가 실렸다. 1등을 추격하는 과정에서 성공적이었던 전략이 1등이 된 뒤에는 더 이상 통하지 않는다는 내용이다. 이른바 '추격자 전략'이 가진 한계다. 이러한 한계를 가장 많이 느끼고 있을 때가 삼성전자로서는 지금일 것이다. 휴대폰과 스마트폰에서 세계 정상을 차지했기 때문이다. 이제부터가 삼성전자의 힘을 보여주어야 할 때이다.

'세일즈 머신'에서 진정한 '혁신 기업', '창조적 기업'으로 도약하느냐 아니면 그저 '세일즈 머신'으로 남을 것인가가 지금부터 삼성전자의 도전과 행동으로 판가름 나게 될 것이다. 1등 기업으로서의 함정도 있지만, 유리한 점도 있을 것이다. 업계 1등 기업은 이제 추격자가 아니라 창조자가 되어야 한다. 창조자로서 모든 것을 선도해야 한다. 그것은 삼성이 선언한 '비전 2020'과 맥락을 같이 한다.

경쟁 기업들의 끊임없는 도전과 견제

"옵티머스G가 미국 소비자 전문지 『컨슈머리포트』가 선정한 2012

년 최고 스마트폰 1위에 올랐다. 삼성전자 갤럭시S3, 애플 아이폰5를 모두 제쳤다."

2012년 11월 23일 LG전자 스마트폰이 『컨슈머리포트』에서 조사한 소비자 만족도에서 1위에 선정되었다는 놀라운 사실이 매스컴을 통해 전해졌다. 이 사실이 더욱더 놀라운 것은 애플이나 삼성전자가 아닌 LG전자라는 것이다. LG전자 역시 삼성전자와 함께 2009년도에는 세계 휴대폰 시장에서 2위와 3위를 나란히 차지할 정도로 휴대폰 강자임을 아무도 부인할 수 없다. 하지만 애플의 아이폰 돌풍의 시기에 잠시 흔들렸지만 이제 다시 도약하기 위해 준비를 끝마친 듯하다. 포털사이트 네이버가 진행한 설문조사에서 갤럭시 시리즈 제품들과 아이폰5 등을 제치고 LG전자의 옵티머스G가 당당히 '올해 최고의 스마트폰'으로 뽑히기도 했다.

옵티머스G는 LG화학, LG디스플레이, LG이노텍 등이 개발단계에서부터 서로 협력해 만들어 온 LG전자의 사활을 건 차기 전략 스마트폰이다. LG전자는 LG디스플레이가 개발한 'True HD IPS+', LG디스플레이와 LG이노텍이 공동 개발한 '커버유리 완전 일체형 터치^{G2 Touch Hybrid}' 공법 등을 모두 이 폰에 집결시켰다. 이것뿐만이 아니라 여기에 LG화학의 2,100mAh 대용량 배터리와 LG이노텍의 1,300만 화소 카메라 모듈 등도 추가했다. LG그룹 관계사들의 최고역량이 총 결집된 야심작인 것이다.

옵티머스G는 국내 출시된 스마트폰 가운데 최고 해상도인 1,300만 화소 카메라가 탑재되어 있고, 세계 최초로 '커버유리 완전 일체형 터치[G2 Touch Hybrid]' 공법 적용으로 터치감이 크게 향상됐다. 여기에다 퀄컴이 새롭게 선보인 LTE 기반 차세대 쿼드쿼어 프로세서 '스냅드래곤 S4 프로[APQ8064]'를 세계 처음으로 탑재했다.

IT 업계에서는 조금만 방심하게 되면 1등 자리는 언제든지 교체될 수 있다는 무한 경쟁의 원리에 대해 한 번 더 각성하게 해주는 사건이라고 할 수 있다. LG전자로서는 이번에 처음으로 세계 소비자들로부터 높은 제품력을 인정받은 것이다. 결국 스마트폰 시장에는 영원한 1등이란 없다는 사실을 일깨워주는 것이다. 삼성전자가 갤럭시S를 개발했던 것처럼 LG전자도 그렇게 총 역량을 집결하고 모아 만든 옵티머스G가 결국에는 세계 시장에서 서서히 인정을 받기 시작한 것이라고 해석해야 할 것 같다.

『컨슈머리포트』에 따르면 옵티머스G는 특히 배터리 성능과 화질 등 항목에서 높은 점수를 받아 AT&T 부문 종합 점수 79점을 받았다는 것이다. 하지만 삼성전자의 갤럭시S3나 애플의 아이폰5가 큰 차이로 뒤처진 것은 아님을 알아야 한다. 삼성전자의 '갤럭시S3'은 간발의 차인 78점으로 2위에 올랐으며 애플의 '아이폰5'가 77점으로 뒤를 이었다는 것이다.

삼성전자가 경쟁을 해야 하는 기업이 다만 LG전자뿐만 있는 것이 아니다. 우수한 기술력의 리서치인모션RIM, 노키아, 모토로라, 소니, 팬택 등이 모두 와신상담하며 재기를 노리고 있을 것이다.

이러한 사실을 잘 말해 주는 대표적인 사례가 아이폰 이전에 스마트폰의 대명사로 불렸던 블랙베리의 차세대 스마트폰의 출시 소식이다. 캐나다의 대표 IT 기업인 리서치인모션RIM은 2013년 1월 30일 '블랙베리 10'이라는 새로운 스마트폰을 출시할 예정으로 알려졌다. 과연 스마트폰 시장을 한때 제패했던 스마트폰의 대명사가 다시 부활하게 될 것인지 관심이 모아지고 있다. 리서치인모션은 이날 전 북미와 유럽에서 '블랙베리10' 스마트폰 공개 행사를 개최한다고 발표했는데, 여기서 주목을 끄는 대목은 새로운 OS이다. 현재 아이폰은 iOS를, 갤럭시는 안드로이드를 사용하고 있다. 그런데 새로운 스마트폰은 바로 '블랙베리10'이라는 독자적인 리서치인모션의 운영체제인 것이다. 이 회사는 결국 구글 안드로이드와 애플 iOS에 맞서기 위해 독자적이고 새로운 운영체제를 만들고 있는 것이며, 그만큼 세계적인 수준의 기술력이 있음을 삼성전자는 경계해야 한다.

이 스마트폰은 블랙베리를 대표하던 키패드를 포기한 대신 풀 스크린 터치, 빠른 멀티태스킹 등이 강점이라고 회사 측은 설명하고 있다. 또 언제 어떤 혁신제품들이 이들 기업 중에서 탄생할지 아무도 장담할 수 없는 지경이다. 언제나 새로운 혁신 제품은 휴대폰 업계의 질서를 파괴하고 한동안 1위를 고수하기도 한다. 이제 삼성전자의 갤럭시 시리즈가 계속해서 1위를 유지해 나갈 수 있을 것인지 아니면 새로운 강자로 인해 몰락하게 될 것인지는 지켜봐야 할 것이다.

한 가지 분명한 사실은 절대 자만해서는 안된다는 것이다. 애플은 끊임없이 견제를 하며, 소송을 걸고 있다. 중국 업체들도 3년 전만 해도 삼성전자보다 더 스마트폰 시장에서 인정받았다. 그래서 그들도 와신상담하며 재기를 노리고 있을 것이다. 일본의 소니도 그들과 입장이 같을 것이다. 거대 공룡 기업 노키아도 언제 다시 스마트폰 시장에서 최강자로 도약할지 모를 일이다. 노키아는 막강한 기술력과 자본력과 노하우가 축적되어 있는 기업이고, 1위 자리만 잠시 물러났을 뿐 아직도 매우 건재하다고 할 수 있다.

애플이 그렇게 했듯이 스마트폰에 대한 경험이 없던 회사들이 스마트폰 사업에 뛰어들고 있다는 점도 삼성전자에게는 위협이 될 수 있다. 세계 최대의 위탁생산업체인 폭스콘은 이미 애플이 아닌 또 다른 업체인 아마존과 스마트폰 생산을 위한 계약을 체결했다. 그래서 세계 최초의 인터넷 서점으로 출발해 지금은 종합 쇼핑몰 업체인 아마존에서 만든 스마트폰을 내년 중반이면 만날 수 있게 된다. 뿐만 아니라 폭스콘도 샤프와 스마트폰 개발에 대해 협력을 강화하여 동남아 스마트폰 시장을 공략할 것으로 예측된다.

스마트폰 시장 1위 중국의 부상

특히 저가이자 세계 1위 스마트폰 시장으로 급성장하고 있는 중국 시장에서 삼성전자는 애플이나 노키아보다 안방업체인 중국의 업체들이 언제 도약할지에 대해 주의를 기울여야 한다. 중국의 안방 기업들의 도약이 너무나 급성장이기 때문에 삼성전자도 안심할 수 없다. 실례로 애플은 중국의 시장점유율이 1년 만에 거의 절반 수준으로 급감했다. 그 이유가 바로 삼성전자보다도 중국의 안방 기업들 때문이었다고 볼 수 있는 것이다.

ZTE를 비롯해 화웨이^{Huawei}, 레노보^{Lenovo} 등 중국 스마트폰 업체들의 시장점유율이 계속 증가하고 있는 것이 애플에게도, 1위 업체가 된 삼성전자에게도 계속 압박으로 작용하고 있음을 아무도 부인할 수 없다. 글로벌 PC 업계에서 1위를 탈환한 레노보가 이번에는 글로벌 스마트폰 사업에도 진출을 선언한 후 급성장하고 있다.

세계적인 시장조사기관 IHS의 최신 발표에 의하면, 애플의 아이폰은 2012년 전반기 중국 스마트폰 시장에서 점유율 7.5%로 7위라는 충격적인 결과를 기록했던 것이다. 다행히 삼성전자는 점유율 20.8%로 1위를 기록했다. 하지만 이것도 안심할 수 없는 상황이 되었다. 애플을 제친 업체들을 보면 스마트폰 기업의 경쟁이 얼마나 치열한 것인지를 확실하게 깨닫게 된다.

레노보, 쿨패드^{Coolpad}, 화웨이^{Huawei}, 노키아, ZTE 등이 거대한 1위 시장으로 부상하고 있는 중국에서 떠오르고 있는 기업들이다. 노키아나 ZTE 외에 다른 기업들은 스마트폰 시장에서 그 전에는 잘 볼 수 없었던 기업들이라는 점에서 더욱 위협적이다. IHS에 의하면, 중국 스마트폰 시장의 성장은 폭발적이라고 한다.

모바일 분석툴 제공업체인 플러리(Flurry, www.flurry.com 참조)가 2013년 초에는 중국의 스마트폰 사용량이 미국을 추월할 것이라고 전망했다. 주목할 점은 중국의 스마트폰 시장 성장률이 연평균 300%에 가까운 수치로 놀랄 만큼 빠른 성장을 보이고 있다는 점이다. 이런 추세라면 필자가 보기에 2013년에는 4억 5,000만 대를 충분히 넘어설 것이라고 예상할 수 있다.

특히 더 경계해야할 상대는 최근에 스웨덴의 에릭슨을 제치고 세계 1위 통신 장비업체로 올라선 화웨이이다. 화웨이가 스마트폰 사업을 본격화했기 때문이다. 그래서 전문가들은 스마트폰 시장에서 선두자리를 차지한 삼성전자의 강력한 경쟁자로 부상할 것이라고 예측하고 있다. 이미 화웨이는 2011년 휴대폰을 5500만 대 판매하고, 스마트폰은 4600만 대의 엄청난 판매고를 올리며 글로벌 6위의 휴대폰 제조사로 혜성같이 등장했을 뿐만 아니라, 2012년 1분기에는 1000만 대의 스마트폰 판매량을 기록했다. 그 결과 글로벌 시장 점유율 8.4%를 차지했고, 글로벌 빅5의 스마트폰 업체로 급부상했다. 삼성이 해왔던

대로 그들 또한 독특한 기업 문화가 있고 카리스마 넘치는 이건희 회장의 리더십을 닮은 런정페이 회장이 있다. 그래서 사실 애플과 같은 서양의 기업들보다 우리와 너무나 닮은 떠오르는 중국의 기업들이 삼성전자에게는 앞으로 더욱 경계해야 할 기업이 될 것이라는 것이 필자의 분석이기도 하다.

스마트폰 사업에 진출한 지 겨우 2년밖에 되지 않았지만 안방에서 애플을 제치고 삼성에 이어 2위를 차지한 레노보 역시 무서운 경쟁 회사이다. 그 회사에는 중국 IT 업계의 살아있는 전설, 류촨즈가 있다.

중국의 기업가들이 무서운 이유는 시대의 큰 흐름 때문이다. 과거 수십 년 전에는 일본에서 위대한 경영자들이 탄생했고, 그 결과 일본이 세계를 제패했다. 하지만 이제는 삼성전자에 위대한 경영자 이건희 회장이 있다. 그리고 다시 서서히 중국으로 그 흐름이 옮겨가고 있음을 부인할 수 없게 되었다. 중국 기업들의 무서운 성장세를 볼 때, 그 기업들에는 반드시 위대한 경영자들이 있다고 봐야 하기 때문이다. 중국 업체들이 무서운 또 다른 이유는 그들의 엄청난 성장 속도와 함께 세계 최고의 스마트폰 시장이 바로 그들의 안방인 중국 시장이라는 점 때문이다.

삼성전자의 미래 _ 세계 초일류 기업으로의 도약

삼성전자는 2009년 11월 1일 창립 40주년을 맞아 '비전 2020'을 선포하여, 미래를 향해 또 한 번의 도약을 할 것을 다짐했다. '비전 2020'의 내용을 보면 2020년까지 매출 4,000억 달러 달성, 브랜드 가치 Top5 진입, IT 업계 글로벌 1위, 존경받는 기업 Top10 진입 등의 목표를 달성하겠다는 야심찬 비전을 담고 있다.

과연 삼성전자는 또 한 번의 새로운 도약인 '비전 2020_Inspire the World, Create the Future(미래사회에 대해 영감을 불어 넣고, 새로운 미래를 창조하자)'라는 위대한 도전에 성공할 수 있을까?

한 가지 분명한 사실은 지금의 글로벌 경제 상황이 1년 후 혹은 5년 후에는 또 어떻게 바뀌어 있을지 아무도 정확히 장담할 수 없고, 예측할 수 없다는 것이다. 특히 디지털화의 급속한 변화는 1년 전의 1위 기업이 하루아침에 몰락할 수 있는 경제 상황을 낳았다. 그렇기 때문에 한순간의 방심이나 자만으로 언제나 기업은 무너질 수 있다.

일본의 대표 간판 기업이었던 소니와 파나소닉이 이러한 사실을 잘 보여 준다. 한때 글로벌 전자업계를 이끌던 소니와 파나소닉이 수년간의 적자 끝에 재정난까지 겪고 있다는 것이다. 이에 따라 신용평가사 피치가 소니와 파나소닉의 등급을 '정크'급으로 강등시키기까지 했다.

삼성전자는 창립 43주년을 맞은 2012년 11월 1일 다시 한 번 더 2020년까지 세계 전자업계 1위로 도약하는 '비전 2020' 달성 의지를 다졌다. 이것은 한창 잘 나가고 있는 2012년에 다시 도약을 하기 위해 자만하지 않겠다는 결의로 보인다.

삼성전자 권오현 대표이사 부회장은 서울 서초사옥에서 가진 창립 43주년 기념행사에서 다음과 같이 말했다.

"세계 경제가 저성장 기조가 지속될 것으로 예상되는 가운데 전자산업은 격변기를 맞이하는 등, 이제까지 경험하지 못했던 급격한 변화가 이미 시작됐다."

그는 이렇게 전하면서, "세상을 바꾸는 혁신을 통해 전자산업 발전을 주도하는 마켓 크리에이터로 거듭나자. 이를 위해 소프트 경쟁력을 갖추고 차별화된 플랫폼과 에코시스템을 구축해 고객에게 새로운 가치를 제공하자."고 강조했다. 그의 말대로 삼성전자는 이제 새로운 마켓 크리에이터로 거듭나야 할 것이다. 그래서 차별화된 비즈니스 모델을 가지고 새로운 생태계인 에코시스템을 구축함으로써 고객들에게 새로운 가치, 새로운 라이프 스타일, 새로운 문화를 제공하는 창조 기업이 되어야 할 것이다.

제8장

삼성전자, 그들은 왜 항상 위기에서 승리하는가?

세계 최강의 스피드를 가진 조직

삼성전자는 과연 무엇이 다르기에 이토록 눈부신 성장을 할 수 있었던 것일까? 삼성전자는 과연 어떻게 해서 항상 위기 때마다 위기를 기회로 바꾸고, 승리를 할 수 있었던 것일까? 삼성에만 있고, 다른 기업에는 없는 그것은 과연 무엇일까?

필자가 생각하기에 삼성전자를 만든 최고의 경쟁력, 삼성전자만이 가지고 있는 경쟁력의 실체는 바로 '세계 그 어떤 기업도 흉내낼 수 없는, 따라올 수 없는 스피드 경영'이다. 그러한 스피드 경영의 요체는 빠른 결단력과 과감한 실행력이다. 아무리 빨리 무엇인가를 해보려고 해도 누군가가 위에서 결정을 해주지 않으면 그 조직은 한순간에 굼 뜬 조직으로 몰락하게 된다.

지금과 같이 급변하는 비즈니스 시대와 글로벌화 시대에 무엇을 하더라도 스피드에서 뒤처지는 조직은 아무리 좋은 제품을 만들어 낸 다 해도 경쟁에서 패하게 될 수밖에 없다. 최강의 경쟁력이 '스피드'가 될 수밖에 없는 이유를 어떻게 하나하나 다 설명할 수 있을까?

필자의 다른 저서에서 소개한 내용 중에 『손자병법』을 통해 속도의 중요성을 강조한 적이 많다. 그 이유는 필자 역시 속도를 가장 중요시 하는 사람이기 때문이다. 속도가 모든 것보다도 가장 으뜸인 경쟁력 이라는 사실을 역사를 통해서도, 고전을 통해서도 쉽게 파악할 수 있 다는 사실은 과거에도 속도는 가장 중요한 승리의 요소 중에 하나라 는 사실을 잘 말해 주고 있는 것이다.

손자는 '전쟁의 요체는 속도'임을 늘 강조했다. 강한 자가 약한 자를 먹는 것이 아니라 빠른 자가 느린 자를 잡아먹는 것이다. 또한 손자는 속도가 없다면 아무리 전쟁에서 승리를 한다 해도 얻는 것보다 잃는 것이 더 많게 된다는 사실까지도 지적했다.

13세기 중반 로마제국보다 네 배나 많은 면적을 정복한 칭기즈칸 의 최고의 경쟁력은 무엇이었을까? 그것은 바로 '스피드'였던 것이다.

칭기즈칸이 이끄는 기마군단은 세계에서 가장 빠른 군대이다. 그리고 그것이 바로 그들을 세계에서 가장 강한 군대로 만들어 주었던 이유이다.

지금 삼성전자가 전 세계를 제패해 나갈 수 있는 가장 큰 이유는 바로 속도인 것이다. 그렇다면 삼성전자가 이렇게 스피드 경영을 할 수 있는 이유는 무엇일까?

가장 먼저 삼성전자에는 수평적인 의사 결정, 수평적인 분업, 수평적인 개발 시스템이 잘 갖추어져 있는 점을 꼽을 수 있다. 그래서 스마트폰을 비롯한 제품의 개발 기한이 한없이 짧을 수 있는 것이다. 과거에는 상품 기획을 하고 나서, 결정이 나면 개발실에서 회로 설계를 한다. 회로 설계를 한 후 PCB제작이 끝나면, 비로소 기구 팀에서 기구 설계를 하고 발주를 낸다. 그리고 그것이 끝나면 비로소 개발실에서 부품을 발주하고 준비를 한다. 그 후에 원형 제품이 들어오면 검토 후에 비로소 상품 기획팀, 개발팀, 기구팀 등이 제품을 만든다. 제품이 만들어진 후에 문제가 생기면 다시 원점에서 시작한다. 그런 순서를 다 거친 후에 문제가 없으면 이제 제조팀에 넘어가고, 제조팀과 신뢰성팀에서 몇 개월을 두고 검사를 한 후 문제가 있으면 다시 원점에서 시작한다. 이렇게 여러 번 하다 보면 6개월 혹은 1년이 금방 지나가게 되는 것이다.

그런데 삼성전자는 이러한 개발 기간을 극적으로 단축시켰다. 수

직적인 구조 혹은 직렬식 프로세스에서 수평구조, 병렬식 프로세스로 바꾸었던 것이다. 그래서 어떤 제품을 개발하기 시작하면 동시에 상품 기획팀, 개발실과 기구팀이 참여를 한다. 물론 이 모든 팀이 한 공장 안에 혹은 2시간 거리 안에 존재한다.

모든 부서가 동시에 개발에 참여하는 병렬식 개발 방식이 삼성전자에는 있는 것이다. 이것이 삼성전자의 스피드 경영의 요체이다. 하지만 이것 하나만 있는 것이 아니다. 삼성전자에는 시간적, 물리적, 지리적, 심리적 장벽을 모두 뛰어넘을 수 있도록 모든 것이 이미 갖추어져 있다. 수원에 있는 무선사업부 인력은 급하면 하루에 두 번 구미에 있는 공장과 제조 라인에 갔다 올 수 있다. 하루에 두 번 헬기가 왕복하기 때문이다. 시간적으로 30분이면 공장에 갈 수 있는 것이다. 뿐만 아니라 공장에 아예 연구소의 일부가 있다.

이것이 바로 삼성전자의 복합화 전략인 것이다. 수십 개의 다른 분야의 팀이 하나의 빌딩, 하나의 사업장 안에 모두 존재한다. 한 빌딩에 거의 모든 부서가 존재한다. 5분이면 모일 수 있다. 여기에 모든 개발은 개발팀장의 역량 하에서 의사 결정이 가능하다. 여기에 삼성은 삼성만의 의사 결정 속도가 극대화될 수 있는 디지털 왕국을 이미 건설했다.

또 마이싱글을 통해 모든 결제가 이루어진다. 마이싱글은 삼성의 사내 인트라넷이다. 이것을 통해 전 세계 어디에 출장을 가도 결제가

5분 안에 이루어질 수 있다. 여기에 E-CIM과 PDM과 같은 개발에 필요한 모든 정보 시스템이 구축되어 있다. 과거에 모든 길은 로마로 통한다고 했다면, 지금은 모든 삼성의 개발 정보, 통합 정보는 여기에 있다고 해도 과언이 아니다.

이와 더불어 삼성전자는 이미 세계 최고 수준의 글로벌 SCM^{Supply Chain Management}시스템을 구축해 놓고 있다. 삼성전자의 제품들이 세계 1등을 할 수 있는 데 큰 역할을 하고 있는 것이 바로 SCM이다. 삼성전자는 주간 단위로 생산계획을 세우지 않는다. 사흘 단위로 세우거나 심지어 하루 단위로 세운다. 그래서 생산, 판매법인, 유통망, 재고, 리드타임, 수요, 공급 예측 시스템이 그 어떤 기업보다 더 발달하게 되는 것이다. 이러한 공급망관리 시스템을 통해 그 어떤 회사보다 더 빨리 생산하고 조달하고 공급하는 것이다. 삼성전자는 세계 최강인 PC 업체인 델이나 할인점 월마트와 동등 이상의 수준으로 평가받는다.

AMR 리서치는 삼성전자를 2009년 SCM 상위 25곳 중에 하나로 선정했을 뿐 아니라, Top10 기업으로도 선정했다. 또한 당시 이미 삼성전자는 자체적으로 SCM 혁신에 주요 역할을 했던 인사들을 나란히 승진시켜 '속도 경영'에 더욱 더 힘을 실어 주었다. 군더더기 없는 업무 진행 방식도 삼성전자의 스피드를 최고로 높여 준다. 삼성맨들은 형식과 규칙, 외형을 중시하지 않는다. 삼성전자는 회의를 해도 본질에 바로 접근하고, 문제의 근본 원인을 찾아낸다.

단도직입적인 업무 방식은 언제나 문제의 핵을 짚는다. 그래서 문제 해결 시간이 빠를 수밖에 없다. 형식을 중요시하고, 외형만 그럴듯하게 회의를 하고 보고서만 번지르르하게 작성하는 그런 허영과 허풍, 겉치레를 좋아하는 간부나 직원들은 한 명도 없다. 깔끔한 업무 진행 방식이 체질화되어 있는 삼성전자인 것이다.

이 모든 요소로 인해 삼성전자는 지금 세계에서 가장 빠른 조직이라고 말할 수 있는 것이다. 여기에 한국인 특유의 빨리빨리 문화는 뼛속 깊이 삼성전자가 스피디한 조직이 될 수 있게 밑거름이 되어 주었던 것이라고 덧붙일 수 있다. 삼성전자가 세계 최강의 스피드를 가진 조직이기 때문에 세계 최고의 기업으로 도약을 할 수 있었던 것이다.

차원이 다른 스케일의 조직

지금의 삼성전자를 존재할 수 있게 해준 또 다른 하나의 경쟁력은 '차원이 다른 스케일'이라고 필자는 생각한다.

삼성전자에만 있고 소니와 같은 일본의 전자 기업이나 애플, 구글과 같은 미국의 막강한 기업들에는 없는 것 중에 가장 오랜 차별화를 가져온 것이 있다. 그것은 바로 삼십 년 전부터 삼성전자가 실천해 오고 있는 매우 특별한 제도이다. 그것은 한창 열심히 일할 수 있는 3년

차 이상 되는 직원들을 전 세계에 보내 1년 동안 그곳에서 먹고 자고 생활하면서 그 지역의 언어를 비롯해서 문화와 습성, 모든 것을 배우고 익히게 하는 것이다. 이른바 '지역 전문가 제도'이다. 삼성전자의 준비 경영은 이처럼 스케일부터 다르다. 전 세계로 한 명당 1억이 넘는 돈을 들여서 수천 명의 직원들을 30년이 넘게 글로벌 인재로 양성했던 것이다. 삼성전자가 지금 최고의 기업으로 도약할 수 있었던 것은 처음부터 스케일이 달랐기 때문이라고 할 수 있다. 전 세계 기업들이 부러워하는 삼성전자의 지역 전문가 제도는 1990년부터 시작되었다. 지역 전문가 제도는 한 마디로 과감한 미래를 위한 투자이며 제도라고 말할 수 있을 것이다. 지금까지 양성된 지역 전문가는 4000여 명. 이들은 삼성의 글로벌화에 '첨병' 역할을 하고 있다. 삼성전자는 변화와 개혁을 해도 스케일이 달랐다.

삼성전자의 차원이 다른 스케일을 알 수 있는 사례들은 너무나 많다. 이건희 회장의 1993년 신경영선언 당시 수천 명의 임직원들은 독일 프랑크푸르트로 날아갔다. 그리고 그 곳에서 수천 시간을 회의하고, 토론을 하고, 강의를 하면서 결국 삼성전자를 개혁했던 것이다.

또한 품질에 관해서도 그 중요성을 강조하면서 문제 해결 방식에도 스케일이 남달랐다. 1995년 불량 휴대폰 화형식이 대표적인 사례다. 당시 돈으로 500억 원 규모였다. 500억 원이나 되는 첨단기기 휴대폰을 부수고 불태워 버렸던 것이다. 당시 삼성전자의 총 이익은 9500

억 원 수준에 불과했다. 휴대폰의 품질이 조금 불량하다면 리콜을 실시해도 충분했다. 그런데 삼성전자는 스케일이 완전하게 달랐던 것이다. 시중에 나도는 모든 휴대폰을 수거했고, 500억 원 상당의 휴대폰을 삼성전자 경북 구미사업장에서 2000여 명의 삼성전자 임직원을 모아놓고 불태웠다. 그 당시의 무선사업부 이기태 이사는 "내 혼이 들어간 제품이 불에 타는 것을 보니 말로는 표현할 수 없는 감정이 교차했다."면서 "그 불길은 과거와의 단절을 상징한 것"이라고 회고하기도 했다. 그러한 스케일이 다른 조치가 있은 후 정확히 1년 후 삼성전자는 휴대폰 글로벌 넘버2로 도약을 하면서, '애니콜 신화'를 창조하기 시작했던 것이다.

차원이 다른 스케일의 조직임을 보여 주는 사례는 또 있다. 바로 7.4제 출근 시간제였다. 생각해 보라. 아침에 한 시간 일찍 출근하는 것도 매우 힘든 일이다. 그것도 전 직원이 말이다. 그런데 삼성전자는 무려 2시간이나 일찍 출근하게 했다. 겨울철에는 7시에 출근해서 한참 동안 일을 하고 나서 창밖을 보면 아직도 해가 뜨기 전이었다. 그리고 4시에 퇴근을 하면 그야말로 시간이 엄청나게 많이 생기는 것 같을 것이다.

차원이 다른 스케일의 조직임을 보여 주는 또 다른 사례는 성과에 대한 파격적인 보상이다. 삼성전자에서 임원이 되면 연봉이 타의 추종을 불허할 만큼 높다. 목숨을 걸고 임원이 되려고 하는 것도 바로 이 때문이다. 이것은 직원들에게도 그대로 적용이 된다. 사원이라 하더라고 사장보다 더 많은 연봉을 받는 직원들이 있다. 그야말로 자신이 맡은 일을 확실하게 잘 하면 사장보다 더 큰 파격적인 보상을 받을 수 있는 그런 스케일이 큰 조직이 바로 삼성전자인 것이다.

일본의 대표적인 경영 컨설턴트인 오마에 겐이치는 삼성전자의 성공 요인에 대해 몇 가지를 언급한 적이 있는데 그 중의 하나가 경쟁사보다 대규모 투자를 더 빨리한 것이라는 것이다. 그의 말은 일리가 있다. 삼성전자는 그 어떤 회사보다 과감하게 투자를 한다. 그래서 성과도 다른 기업들과 스케일부터가 다른 것이다. 무엇을 해도 차원이 다른 규모로 하는 것이 바로 삼성전자인 것이다. 그래서 삼성전자의 전략 중에 하나가 바로 '규모의 경제the scale of economics' 확보에 있다고 말할 수 있는 것이다.

삼성전자의 스케일을 알게 해주는 단적인 사례 중에 하나는 한 해 동안 투자하는 마케팅비이다. 삼성전자의 2012년 총 마케팅 비용은 세계 최고의 기업들을 몇 개 합쳐놓은 것보다 더 많다. 삼성전자의 마케팅 비용은 스티브 잡스의 애플과 델, 빌 게이츠의 마이크로소프트와 HP 등이 한 해 동안 쏟아부은 마케팅 비용들을 모두 합친 것보다 더 많다. 삼성전자는 13조 원이라는 돈을 한 해 동안 마케팅 비용으로 사용했다.

'크게 버려야 크게 얻는다'란 말이 있다. 삼성전자가 바로 이와 같은 회사라고 할 수 있다. 다른 회사보다 더 크게 투자함으로써 더 큰 것을 얻는 것이다.

수준이 다른 변화와 혁신 조직

삼성전자의 강점 중에 하나는 무엇을 해도 수준이 다르게 완벽하게 해낸다는 것이다. 변화와 개혁을 추진할 때도 삼성전자는 그 어떤 조직보다도 더 완벽한 수준으로 변화와 개혁을 이끌어 내었다. 그리고 그러한 수준이 다른 변화와 개혁은 결국 지금의 삼성전자의 초석이 되어 주었던 것이다. 변화와 혁신을 강조해도 일반 조직과 수준이 다르다.

"마누라와 자식만 빼고 다 바꾸라."

이 얼마나 무시무시한 말인가? 완벽을 추구하라는 것이다. 시작부터, 그리고 기대치조차도 수준이 다른 것이다. 그래서 삼성전자는 철저하게 수준 높게 개혁을 완성한 조직이 되었다.

삼성전자는 변화에 대해 '하면 좋은 것'이라는 생각부터 철저하게 바꾸었다. '하면 그저 좋은 것'이 아니라 '안 하면 망하는 것', '안 하면

안 되는 것'이라고 철저하게 생각하게 되었고, 그 결과 철저하게 양 위주에서 질 최우선으로, 관리의 삼성에서 역동적이고 자율적이고 창조적인 삼성으로, 위기에서 기회로, 국내에서 국제화로, 아날로그에서 디지털화로 수준이 다른 변화를 통해 혁신에 성공한 조직이 되었다.

특히 삼성전자 변화의 성공 분야 중에서도 가장 중요한 분야 세 가지는 아날로그에서 디지털로의 변화, 양 위주에서 품질 위주의 변화, 그리고 기능 위주에서 디자인 위주로의 변화라고 생각한다. 이 중에서도 디지털화에 대한 변화가 다른 선진 기업들, 특히 일본 기업들보다 빨랐고 완벽했기 때문에 지금의 삼성전자가 존재할 수 있게 된 기틀을 마련할 수 있었다고 생각한다.

상품 기획서조차 없고, 매크로와 마이크로조차 구별하지 못하던 삼성전자가 과거와의 완전한 단절과 파괴를 통해 새로운 삼성전자로 만들어졌다고 평가할 수 있다. 그리고 이것은 거의 새로운 회사가 새롭게 만들어진 것과 다름없는 수준이었던 것이다. 수준이 다른 변화와 혁신은 삼성전자로 하여금 과거의 삼성전자에서 완전하게 탈피하게 만들었고, 새로운 삼성전자를 시작하게 만들어 주었던 것이다.

실제로 삼성의 변화와 개혁을 극적으로 이끌어내고 눈부신 성장의 기반을 만든 것은 이건희 회장이다. 그가 회장으로 취임한 후 5년 뒤인 1993년 독일 프랑크푸르트에서 한 변화와 개혁의지가 담긴 '신新경영 선언'은 삼성전자를 주축으로 삼성그룹에 개혁의 바람이 불게 해주었다.

모든 기업, 모든 사람들은 변화와 혁신, 개혁을 이구동성으로 부르짖는다. 한국의 수많은 기업들과 개인이 그렇게 소리치고 선언했을 것이다. 하지만 그토록 부르짖던 변화와 혁신, 개혁에 성공하는 기업과 사람들이 적은 이유는 무엇일까? 그것은 너무 거창하게 생각하기 때문이고, 자기 자신부터 실천하고 행동하지 않기 때문일 것이라고 생각한다. 삼성전자와 이건희 회장이 다른 기업과 달랐던 점이 바로 여기에 있다.

'자기 자신부터, 자신의 의식부터, 자신의 행동부터 바꾸어 나가자.'

바로 자기 자신부터 변화와 혁신을 통해 개혁을 시작할 줄 알았던 것이 삼성전자의 수준 높은 개혁의 성공 토대가 되어 주었던 것이라고 생각해 볼 수 있다. '마누라와 자식만 빼면' 결국 자기 자신을 바꾸라는 얘기인 것이다. 삼성전자의 변화와 개혁의 의지 수준은 다른 회사와 달랐고, 실제로 자기 자신이 먼저 변화될 수 있도록 삼성전자는 7.4제와 휴대폰 화형식, 라인 스톱제와 같은 여러 가지 충격과 자극을 지속적으로 주었던 것이다.

삼성전자의 수준 높은 변화와 혁신이 가능했던 이유가 바로 여기에 있었다고 말할 수 있을 것이다. 혁신은 선택의 문제가 아니라 생존의 문제라는 사실을 삼성전자는 일찍부터 알게 되었다. '혁신하는 자만이 생존할 수 있다.'라는 혁자생존^{革者生存}의 정신에 입각하여 삼성전자의 모든 임직원들은 목숨을 걸고 자기 자신부터 혁신하기 시작했다. 지금의 삼성전자는 강도와 수준이 높은 변화와 혁신에 성공할 수 있었기에 가능했던 것이다.

특별한 의식을 가진 조직

삼성전자의 초석이 된 것은 무엇보다도 반도체였다. 삼성전자가 반도체 사업을 시작해서 그 분야의 1위를 하지 않았다면 그 다음의 가전도, 휴대폰도, 스마트폰도 줄줄이 1위를 할 수 없었을지도 모른다. 결국 지금의 삼성전자의 초석이 되어 준 것은 누가 뭐래도 반도체인 것이다. 그렇다면 어떻게 삼성전자는 이러한 반도체 왕국을 건설할 수 있었던 것일까?

그 비결이 바로 삼성전자만이 가진 남다른 특별한 의식 때문인 것이다. 특히 삼성전자를 이끈 이건희 회장은 1974년 12월 6일, 동양방송 이사 시절임에도 불구하고 미래에 반도체가 가장 중요한 밑거름이 되어줄 신수종사업이 될 것을 의식했다. 그 당시 모든 기업들이, 모든 전문가들이, 모든 경영자들이 한국은 아직 반도체를 하기에 시기상조라고 비웃었다. TV도 제대로 만들지 못하는 회사가 무슨 반도체냐는 것이었다. 하지만 삼성전자 이건희 회장은 과감하게 온갖 반대를 무릅쓰고 반도체를 시작했던 것이다.

삼성전자는 한 발 앞선 깨인 의식을 통해 한국반도체의 50% 지분을 종자돈 50만 달러에 인수했다. 이 때 빛난 것은 이건희 회장의 독특한 의식이었다. 이건희 회장은 "오히려 고전을 거듭하는 전자부문을 살릴 수 있는 것은 오직 반도체 자급에 달려있다."며 반도체 사업을 밀어붙였다. 벌써 이건희 회장은 특별한 미래 의식을 가지고 있었던 것이었다. 뿐만 아니라 당시 "반도체 사업이 우리 민족의 재주와 특성에 딱 들어맞는 업종이라고 생각했다. 우리는 젓가락 문화권이어서 손재주가 좋고, 주거생활 자체가 신발을 벗고 생활하는 등 청결을 매우 중요시한다. 이런 문화는 반도체 생산에 아주 적합하다."고 강조하기도 했다.

삼성전자는 이처럼 다른 기업보다 앞선 의식으로 앞으로 나아갔던 것이다. 삼성전자가 2006년 TV사업 진출 37년 만에 소니를 추월해 세계 TV시장 1위를 차지하고, 이어서 발광다이오드[LED] TV, 3차원 [3D] TV, 스마트TV, 유기발광다이오드[OLED] TV 등 세계 TV시장에서 6년 연속 세계 1위를 차지할 수 있었던 것도 리더인 이건희 회장의 특별한 의식 때문이었다.

지난 2004년 이건희 회장은 "아날로그에서는 뒤졌지만, 디지털에선 1등을 할 수 있다. 삼성전자의 사운을 걸고 디지털TV를 개발하라."

고 특명을 내렸다. 당시 소니를 비롯한 일본 기업들이 세계 TV시장을 점령하고 있던 상황에서 삼성이 뒤늦게 디지털TV로 1위를 한다는 생각은 무모해 보였다. 하지만 할 수 있다는 의식과 도전 의식은 결국 해낼 수 있었던 것이다. 이런 사례가 휴대폰에서도 그대로 일어났다.

"반드시 1명당 1대의 무선 단말기를 가지는 시대가 온다. 전화기를 중시하라."

심지어 스마트폰에서도 그대로 일어났다. "앞으로 10년 안에 지금까지 삼성을 대표하던 모든 제품이 사라질 것"이라는 특별한 의식은 삼성전자로 하여금 새로운 첨단 분야인 스마트폰 사업에 모든 것을 걸고 뛰어들게 만들었던 것이다. 결국 삼성전자에는 특별한 의식을 가진 위대한 리더가 있었고, 그것에 따라 행동으로 옮기는 실행력을 가지고 있었던 것이다.

이 두 가지가 잘 맞아떨어진다는 것은 경이로운 일이라고 할 수 있다. "아날로그에서는 뒤졌지만 디지털에서는 앞서간다."는 특유의 의식과 전략은 일본의 그 어떤 기업조차도 가질 수 없었던 열린 의식이었다고 평가할 수 있다. 삼성전자가 일본의 쟁쟁한 기업들을 제칠 수 있었던 것은 바로 이러한 특별한 의식이 있었기 때문이다. 지금의 삼성전자를 존재하게 해준 사고 중에 가장 중요한 것은 위기의식이라고 할 수 있다. 위기의식은 삼성전자의 임직원들이 항상 피부로 느낄 수밖에 없는 생각 중에 가장 중요한 것이라고 할 수 있다.

1995년 8월 삼성전자는 애니콜을 앞세워 세계 휴대폰 시장 1위인 모토로라를 제치고 51.5%의 점유율로 국내 정상에 올라선다. 휴대폰 화형식을 한 지 정확히 1년 후이다. 그리고 D램 시장의 호황까지 겹치며 당시로선 놀랄 만한 2조 5000억 원의 순이익을 올렸다. 하지만 이건희 회장은 작은 성공에 도취되지 않았다. 오히려 비상경영을 선포해 직원들을 긴장시켰다. 이것이 바로 삼성전자가 항상 위기의식을 느낄 수밖에 없는 이유이다.

"지금이 진짜 위기다. 글로벌 일류기업들이 무너지고 있다. 삼성도 언제 어떻게 될지 모른다. 앞으로 10년 내에 삼성을 대표하는 사업과 제품은 대부분 사라질 것이다."

이건희 회장이 2010년 3월 24일 경영 복귀를 하면서 내놓은 일성이다. 뿐만 아니라 아주 오래전부터 삼성전자를 만든 의식은 한 마디로 위기의식이라고 말할 수 있을 정도로 '위기'가 강조되었다.

"삼성은 지난 1986년도에 망한 회사입니다. 나는 이미 15년 전부터 위기를 느껴왔습니다. 지금은 잘해 보자고 할 때가 아니라 죽느냐 사느냐의 기로에 서 있는 때입니다."

– 151쪽, 홍하상, 『이건희』

이처럼 삼성전자를 만든 특별한 의식은 미래를 내다보는 미래형 의식과 현재에 안주하지 않는 위기의식이라고 할 수 있다고 생각한다. 그래서 지금의 삼성전자를 만든 삼성전자만의 특별한 의식은 미래를 준비하는 미래 의식, 현실에 안주하지 않는 위기의식과 위기의식을 토대로 변화하지 않으면 망하게 된다는 변화에 대한 의식들이라고 생각하는 것이다.

오늘날의 삼성전자를 만든 의식의 토대가 되는 것은 이건희 회장이 평소에 강조했던 '입체적 사고three-dimensional think'라고 할 수 있다. 필자는 이것을 '삼성'의 첫 글자 S를 따서, 스마트 사고smart think라고 명명하고 싶다.

"오늘날처럼 모든 환경이 초음속에 비견될 정도로 급변하는 상황에서, 동일한 사물을 보면서 여러 각도에서 살펴보는 입체적 사고가 우리 모두에게 필요하다고 본다. 입체적 사고가 습관이 되면 일석이조가 아니라 일석오조가 가능하다."

– 39쪽, 이건희, 『생각 좀 하며 세상을 보자』

삼성전자가 변화무쌍히 급변하는 시장 환경 속에서 최고의 성과를

222

창출해 낼 수 있었던 것은 바로 스마트 사고^{smart think}를 할 수 있는 의식을 가지고 있었기 때문이었다. 삼성전자가 특별한 의식을 가진 조직이 될 수 있었던 것은 스마트 사고로 대변되는 입체적 사고가 삼성전자에 뿌리 내리고 있었기 때문이라고 할 수 있다.

결국 삼성전자는 능력이 뛰어났던 것이 아니라 의식이 뛰어났던 것이다. 유능한 인재, 좋은 기술력, 충분한 경험, 엄청난 자본력을 가진 일본과 미국의 선진 기업들을 아무것도 없었던 삼성전자가 뛰어넘을 수 있었던 것은 특별한 의식을 가진 조직이었기 때문이라고 할 수 있다. 삼성전자는 독특하게 직원들의 의식을 개혁했고, 의식의 변화를 강조했다. 다시 말해 삼성전자는 다른 기업들이 못했던 의식 개혁을 추진했고 성공했던 것이다. 그 결과 지구상에 가장 독특하고 특별한 의식을 가지고 있는 조직이 될 수 있었던 것이다.

독특한 기업 문화를 가진 조직

지금의 삼성전자가 만들어질 수 있었던 요인 중에 하나는 삼성전자만이 가지고 있는 독특한 기업 문화 때문이라고 말할 수 있다.

삼성전자는 오래 전부터 세계 초일류 기업 문화를 가지고 있었고, 그것을 공유했다. 그리고 그러한 독특한 기업 문화는 삼성전자를 진짜 초일류 기업으로 도약시켜 주었던 것이다. 삼성의 기업 문화를 만든 것은 어떤 외형적인 보상이나 명성이 아니라 삼성전자의 임직원 스스로 내면의 동기를 통해 최고의 조직에 속한 최고의 인재라는 생각이 바탕을 이룬 것이라고 생각한다.

외형적인 보상으로는 그 조직에 속한 모든 이들을 하나로 만들 수 없다. 한계가 있다는 것이다. 하지만 직원들의 내면에 있는 정신과 철학의 공유를 통한다면 이야기는 다르다. 삼성전자의 모든 임직원들은 자신이 하는 일에 대해 그 어떤 조직이나 사람보다 더 즐길 줄 알고, 제대로 일할 줄 아는 분위기를 조성했고 그렇게 독특한 조직 문화를 형성할 수 있게 되었던 것이다.

에드워드 L. 데시 Edward L. Deci 로체스터대 심리학과 교수의 주장에 따르면, "당근과 채찍이 사람의 행동을 결정한다."고 말했던 스키너의 행동주의 심리학에서 주장하는 것과는 달리 자기 스스로 하는 내면의 동기부여가 지속적인 성과를 창출할 수 있다는 것이다. 그가 쓴 『마음의 작동법(무엇이 당신을 움직이는가)』이라는 책에서 그가 주창한 이론인 '자기 결정성 이론 self-determination theory'에 따르면 보상보다는 선택권이 더 인간을 움직이게 만들고, 승진보다는 성취감이 더 제대로 일에 미치게 만든다는 것이다.

삼성전자에는 제대로 일을 하고, 제대로 일에 미치는 문화가 있는 것이다. 그런데 그런 문화의 밑바탕에는 바로 선택권, 성취감, 내적 동기 부여, 삼성전자 임직원들 사이에 흐르는 내면적 철학 등이 있다고 말할 수 있다.

"사람은 스스로 선택한 일에서 최고의 능력을 발휘한다!"

삼성전자에는 이러한 자율적인 문화, 성취감이 더 우선시 되는 문화, 실패를 두려워하지 않는 문화, 스스로 동기 부여하는 문화가 있다. 그리고 그것이 지금의 삼성전자를 만들어 준 중요한 키워드 중에 하나인 '문화 경쟁력'인 것이다.

삼성전자에게만 있는 이러한 독특한 문화가 형성될 수 있었던 이유에 대해 필자는 '삼성 헌법'의 역할을 크게 평가하고 싶다.

"일류가 되려면 인간미와 도덕성을 회복하고, 예의범절과 에티켓을 준수해야 한다. 그것은 일류가 되기 위해서뿐만 아니라 올바로 사는 길이기 때문이다. 인간미, 도덕성, 예의범절, 에티켓은 삼성인이 모두 반드시 지켜야 할 약속이자 '삼성헌법'이다. 이제 우리는 모든 행동의 바탕을 삼성헌법에 두고 이를 소중히 지킴으로써, 역사와 지역을 초월해서 인류에게 도움이 되는 진정한 의미의 세계 초일류기업이 되어야 한다."

특히 이건희 회장으로부터 시작된 변화는 일종의 문화혁명과 같은 것이었다. 삼성전자는 삼성 헌법을 통해 비판을 두려워하지 않는 문화, 서로 믿을 수 있는 문화, 정정당당하게 경쟁하고 정도를 걷는 문화, 절대 동료의 뒷다리를 잡지 않고 한 방향으로 나가는 문화를 만들어 나갔다.

삼성전자만이 가지고 있는 독특한 기업 문화를 한 마디로 대변해주는 말이 바로 '삼성맨'이라는 말이다. '삼성맨'은 삼성의 모든 직원들을 성별을 불문하고, 지위를 구별하지 않고 칭하는 말이다. 다른 기업들은 이런 용어가 없다고 해도 과언이 아니다. 유독 삼성전자를 중심으로 한 삼성 그룹에만 이런 말이 생겨난 것은 그만큼 삼성맨들이 다르기 때문이다. 삼성을 'CEO 사관학교'라고 부르는 것도, 삼성 출신은 달라도 뭔가 다르고, 제대로 일할 줄 아는 사람들이기 때문인 것이다. 삼성맨들이 만들어지는 가장 큰 이유는 바로 삼성전자만이 가진 독특한 기업 문화 때문인 것이다.

필자는 삼성전자가 관리의 삼성에서 문화의 삼성으로 성공적으로 전환했다고 생각한다. 그리고 그 삼성의 기업 문화는 실패를 두려워하지 않는 문화, 자율적으로 최고가 되고자 스스로 동기가 부여된 문화, 무엇보다 성취감을 가장 중요시하는 엘리트 의식이 팽배한 문화, 그리고 일반 기업의 직원과 구별되는 특별한 존재로 느끼게 해주는 문화라고 말할 수 있을 것이다. 필자에게 삼성의 독특한 기업 문화를 한 문장으로 만들라고 한다면, 예전에 유행했던 광고 카피로 대신할 것이다.

"삼성이 만들면 다릅니다."

이것이 바로 삼성전자 조직 문화의 독특한 면모를 상징하는 말일 것이다. 다른 기업과 다르고, 다른 사람과 다르고, 그래서 다른 기업과 다른 문화, 다른 사람과 다른 의식을 가진 조직이 바로 삼성전자인 것이다.

독특한 기업 문화는 결국 독특한 성과를 창출해 낼 수 있게 해준다. 그래서 평범한 인재들이 입사를 한다 해도, 그 자리에 아무나 들어가도 평균 이상의 비범한 성과를 창출해 내는 것을 삼성전자에서는 흔하게 볼 수 있는 풍경이다. 그리고 그것이 가능한 이유는 시스템의 문제가 아니라 기업 문화의 문제라고 필자는 생각한다. 시스템은 누구나 쉽게 흉내낼 수 있는 것이다. 하지만 시스템을 흉내낸다 해도 똑같이 성과를 창출해 내는 것은 절대 아니다. 그 이유는 시스템은 눈에 보이는 껍데기에 불과하기 때문이다.

기업의 경쟁력은 눈에 보이지 않는 기업 문화 속에 있기 때문이다. 기업 문화가 중요한 이유는 문화가 사람을 움직이게 하고, 창조적으로 만들고, 유연한 사고를 가지게 하고, 민첩하고 스마트하게 대응하게 만드는 토대가 되어 주는 것이기 때문이다. 그래서 삼성전자에는 스마트하며 독특한 기업 문화가 있고, 그것이 삼성전자로 하여금 항상 위기에서 승리하도록 해주는 것이다.

혼신을 쏟아부을 줄 아는 조직

삼성전자의 경쟁력 중에 하나는 한번 방향이 정해지면 무서울 정도로 자신의 모든 혼신을 쏟아부을 줄 아는 그런 조직이라는 것이다. 불모지와 같았던 반도체 사업을 시작해서 선지 기업들이 1년 6개월 걸려 완성하는 반도체 공장을 6개월 만에 완성할 수 있었던 것은 바로 자신의 모든 것을 쏟아부을 줄 아는 삼성전자였기 때문에 가능했다.

적당히 일을 하고, 적당한 대우를 받는 것을 가장 싫어하는 것이 삼성전자였다. 일을 할 때는 그 어떤 사람보다 더 무섭게 질주하며, 쉬지 않고 프로젝트를 끝내 버린다. 그것이 삼성전자의 저력인 것이다.

아이폰 돌풍과 애플 쇼크로 붕괴될 조짐이 보이자 삼성전자는 단 3개월 만에 잠도 자지 않고, 먹지도 않고, 놀지도 않고, 집에도 가지 않고, 일에 혼신을 쏟아부었던 것이다. 그것이 바로 삼성전자의 무서움인 것이다.

투철한 정신을 가진 사람들이 몇 명만 모이면 무서운 괴력을 발휘할 수 있는 것이 인간이다. 하지만 삼성전자에는 수십 명, 수백 명의 인재들이 목숨을 걸고 모든 것을 다 쏟아부을 줄 안다는 것이다. 그렇게 모여진 힘이 하나로 집중될 때 어떤 괴력이 생기겠는가? 그것이 바로 삼성전자의 힘인 것이다. 혼신을 다 할 줄 아는 조직은 최강이 될 수 있다. 혼신을 다 한다는 것은 높은 산 위에서 굴러 떨어지는 바위의 기세와 같은 것이다. 바위가 평지에 있을 때는 아무 힘도 없지만 높은 절벽에서 굴러 떨어지는 순간 그 어떤 것도 그것을 막아낼 수 없는 힘이 생긴다.

삼성전자는 바위가 떨어지듯 몰아치면서 혼신을 다해 밀어붙이는 특유의 힘을 가지고 있는 조직이다. 그런 기세, 모든 힘을 다 할 때 안 되는 것은 반드시 되는 것이 되어 버리는 것이다.

『손자병법』에 보면, 싸움에 능한 자는 기세를 타는 것이 매우 중요하다고 말한다. 「병세」 편에 보면, 병사들이 기세를 타면 언덕을 굴러 내려가는 통나무처럼 엄청난 힘을 발휘해 낼 수 있고, 기세를 탄다는 것은 바위를 천 길 계곡으로 굴리는 것과 같다고 했다.

삼성전자는 한 가지 프로젝트가 결정되고, 한번 방향이 정해지면 그 일이 끝날 때까지 엄청난 기세로 혼신을 퍼붓는다. 그리고 그 일을 끝낸다. 삼성전자는 눈빛부터가 다르다. 시시한 프로젝트에는 눈도 돌리지 않는다. 가슴이 뛰고 피가 끓는 프로젝트에 자신의 모든 것을 부어 버린다. 그것이 삼성전자인 것이다.

삼성전자라고 해서 위기가 없었던 것은 아니다. 심지어 최근 몇 년 전에도 스마트폰 분야에서 몰락의 위기에 놓였던 적도 있었다. 하지만 삼성전자가 위기마다 패배하지 않고 승리할 수 있었던 것은 바로 '혼신의 힘을 다할 줄 아는 정신과 자세'에 있는 것이다.

"혼신의 힘을 다해 장애물을 넘는다면 나머지는 저절로 해결될 것이다."라고 말한 성공학의 대가인 노먼 빈센트 필의 말처럼 삼성전자는 위기가 생길 때마다, 커다란 장애물이 생길 때마다, 혼신의 힘을 쏟아부을 줄 아는 강한 정신과 의연한 자세를 지니고 있는 조직이었고, 그렇게 했던 것이다.

'혼신의 힘'을 다한다는 것은 말처럼 쉬운 일이 아니다. 그것도 위기 시에 자신의 역량을 다 발휘해 내고, 몸과 마음을 다할 수 있기 위해서는 평소에 충분히 단단하게 단련이 되어 있어야만 한다.

삼성전자는 평소에, 잘 나갈 때 엄청난 단련을 하는 조직이다. 악명이 높을 정도로 업무적인 면에서는 하드 트레이닝을 시킨다. 그래서 입사 3년 이내 퇴사하는 사람들이 많은 회사가 또한 삼성전자이다. 이러한 사실이 의미하는 것은 업무를 할 때 그만큼 혹독하게, 단련을 시켜서 수준 높은 프로로 만들어 놓는다는 사실이다. 그렇게 훈련이 되고, 단련된 수만 명의 임직원이 위기가 닥칠 때마다 자신이 그동안 축적해 놓은 역량을 다 발휘하며 혼신을 다한다. 그러한 조직이 강한 조직이 아니고 무엇이랴?

삼성전자가 다른 조직과 다른 것은 능력이 아니라 혼신을 심을 줄 아는 치열함이다. 위기의 순간에 끝까지 해내고 혼신을 심는다는 것은 결국 치열하다는 것이고 뜨거운 열정이 있다는 것을 의미한다. 혼신을 다할 줄 아는 조직은 치열하게 뜨겁게 부딪치고, 위기와 시련의 과정을 견디어내고 극복해 낼 줄 아는 조직인 것이다.

어떤 책에서 다이슨 사의 제임스 다이슨이 먼지봉투 없는 청소기를 개발하는 데 5천 번이 넘게 시제품 제작과 실험을 했다는 것을 읽은 적이 있다. 하지만 삼성전자에는 자신이 맡은 일을 수백 번 혹은 수천 번도 더 해내는 고수들이 즐비하다. 이것이 삼성전자의 힘인 것이다.

필자 역시 휴대폰 개발을 할 때, 한 가지 실험을 수천 번도 더 한 적이 있다. 그래서 어느 순간 눈을 뜨면 자동적으로 그것을 하게 될 지경까지 되는 것을 경험한 적이 있다. 혼신을 힘을 쏟는다는 것은 이와 같은 것이다. 아침에 눈 뜰 때부터 눈을 감을 때까지 하루 종일 자신이 맡은 일을 생각하고, 치열하게 해답을 찾고, 치열하게 고민하고, 치열하게 혼신을 다해 일을 할 줄 아는 조직이 바로 삼성전자인 것이다.

필자는 이러한 업무 방식을 삼성의 S를 붙여서 '스마트 하드워킹 smart hardworking'이라고 부르고 싶다. 치열하게 열심히 일을 하며 특별한 의식과 유연한 사고를 접목시키는 삼성맨들의 업무 스타일을 '스마트 하드워킹'이라고 명명하고 싶었던 것이다. 스마트 하드워킹이라는 삼성만의 업무 스타일에 대해서는 마지막에 요약 정리할 것이다.

삼성전자의 업무 스타일 '스마트 하드워킹'

삼성전자, 그들은 왜 항상 위기에서 승리하는가?

이러한 질문에 나는 생각한다. 위기에서 항상 승리하는 조직 삼성전자에는 뭔가 남다른 것이 있다고 말이다. 그리고 그 남다른 것을 오랫동안 연구하고 분석한 결과 나름대로 여섯 가지 키워드로 요약하고 정리할 수 있었다.

필자는 삼성전자가 왜 항상 위기에서 승리만 하는지에 대해서 그 비결을 6개의 키워드인 '스피드', '스케일', '혁신', '의식', '문화', '혼신'을 가진 조직이기 때문이라고 결론을 내렸다. 물론 다른 전문가는 다른 분석을 내놓을 것이다. 하지만 필자에게는 이 여섯 가지 키워드가 지금의 삼성전자를 만든 포인트라고 생각한다. 그리고 이 여섯 가지 키워드가 바로 지금의 삼성전자를 만들어 낸 경쟁력의 요체라고 말하고 있는 것이다.

세계 최강의 스피드를 가진 조직, 차원이 다른 스케일을 가진 조직, 수준이 다른 변화와 혁신을 일구어낸 조직, 특별한 마인드 개혁을 통해 특별한 의식을 가진 조직, 독특한 기업 문화를 가진 조직, 어떤 일을 하더라도 혼신을 쏟아부을 줄 아는 조직이 바로 삼성전자이다.

일본의 IT 기업들과 미국의 혁신 기업들은 삼성전자보다 더 나은 기술력과 노하우, 첨단 설비, 수많은 특허와 세계 최고의 인재들까지 보유하고 있다. 그렇지만 삼성전자를 이기지 못하고 있다. 그 이유는 이들에게는 이 여섯 가지가 없기 때문이다. 대부분의 기업들과 조직들이 기술과 인재, 변화와 혁신을 강조하고 창의성을 중요시하지만 이런 모든 것들을 제대로 활용할 수 있는 여섯 가지 키워드를 제대로 갖추고 있지 않기 때문에 한 발 앞서 시작하거나 혁신을 한다 해도 결국에는 삼성전자에게 추월당하는 것이다.

능력과 기술이 아무리 뛰어나다 해도 이 여섯 가지 키워드를 모두 접목시킨 업무 처리 방식인 '스마트 하드워킹smart hardworking' 스타일은 지금의 삼성전자를 만든 삼성맨만의 업무 처리 방식인 것이다.

'스마트 하드워킹Smart Hardworking'은 삼성만의 스피드와 차원이 다른 스케일, 수준이 다른 변화와 혁신, 입체적 사고인 스마트 사고를 토대로 한 삼성만의 독특한 기업 문화를 바탕으로 혼신을 쏟아붓는 업무 스타일인 것이다. 삼성전자에는 다른 기업에 없는 이러한 업무 스타일이 곳곳에 숨겨져 있고, 삼성맨들의 핏속에 흘러내리고 있는 것이다.

이 여섯 개의 키워드를 바탕으로 실천할 수 있는 삼성만의 업무 스타일인 스마트 하드워킹을 하게 되면 평범한 인재라도 삼성에 들어와서 3년을 버틴 후에는 비범한 인재가 되어 훌륭한 성과를 창출해 낼 수 있다.

이것이 바로 삼성에만 있는 '스마트 하드워킹' 업무 스타일의 가장 큰 장점인 것이다. 비범한 인재로 하여금 비범한 성과를 내게 하는 것은 그 어떤 기업도 할 수 있다. 하지만 평범한 인재들로 하여금 뛰어난 성과 이상의 성과를 내게 하는 조직은 삼성전자밖에 없을 것이다. 그리고 그것이 가능한 것은 바로 여섯 개의 키워드를 바탕으로 한 '스마트 하드 워킹'이라는 삼성만의 특별한 업무 스타일 때문인 것이다.

"스마트 하드워킹smart hardworking = 스피드 + 스케일 + 혁신 + 의식 + 문화 + 혼신"

즉 스마트 하드워킹은 스피디한 공격 경영의 스피드, 아무나 따라올 수 없는 규모의 경제의 스케일, 항상 어제와 다른 방식으로 변화하는 혁신과 미래를 정확히 예측하는 열린 의식, 무엇을 해도 남과 다르게 하고 최고로 하겠다는 마인드와 철학이 공유된 문화, 무엇을 해도 목숨을 걸고 해내고 말겠다는 혼신의 정신이 결합됨으로써 비로소 실현될 수 있는 삼성맨만의 업무 스타일인 것이다.

당신의 업무 스타일이 이러한 스마트 하드워킹과 얼마나 닮아있는가? 당신은 이 여섯 가지 중에 몇 개나 가지고 있는가? 당신의 조직에 이 여섯 가지 키워드를 토대로 한 독특한 업무 스타일인 스마트 하드워킹을 가진 임직원이 있는가?

이 여섯 개의 키워드를 통한 변화의 물결이 당신의 조직에 일어난다면 당신도, 그리고 당신의 조직도 삼성전자와 같이 위기에 항상 승리할 수 있는 개인과 조직이 될 수 있을 것이라고 확신한다.

삼성전자 휴대폰의
역사는
도전의 역사였다

위대한 역사학자 아놀드 토인비가 인류 문명의 역사를 '도전과 응전'의 역사라고 말한 적이 있다. 삼성전자 휴대폰의 역사를 보면 이 말이 그대로 적용된다고 말할 수 있다.

삼성전자에 도전의 정신이 없었다면 지금의 삼성전자는 존재하지 않았을 것이다. 삼성전자에 위기의식이 없었다면 또한 그랬을 것이다. 그리고 무엇보다 위기의 순간에 움츠러들지 않고 더 공격적으로 헤쳐 나가는 삼성전자의 과감한 공격 경영의 모습이 없었다면 지금의 삼성전자는 존재하지 않았을지도 모른다.

삼성전자는 1997년을 시작으로 IMF 때, 2008년을 전후로 한 금융 위기 때, 2009년을 전후로 한 아이폰 돌풍 때와 같은 시련과 역경의 순간을 지나고 나서 더 큰 도약을 하는, 위기에 강한 기업의 면모를 유감없이 보여 주었다. 그것이 지금의 삼성전자를 있게 만들어준 원동력이라고 감히 말할 수 있을 것이다.

그렇다면 위기에 강한 기업은 과연 무엇이 다른 것일까? 왜 똑같은 위기 상황에서 어떤 기업은 추풍낙엽처럼 추락하는데, 삼성전자는 추락은커녕 더 비상을 하는 것일까?

그 이유는 한 마디로 삼성전자는 위기에 강한 기업으로의 체질 변화에 성공했기 때문이라고 분석해 볼 수 있을 것이다. 위기에 강한 기업은 언제나 위기를 의식하고 항상 준비를 하는 기업이며, 동시에 모든 시스템과 프로세스가 어떤 위기에도 흔들리지 않고 극복해 낼 수 있도록 잘 단련되어져 있는 기업이다.

현대 경영 상황에서 필요로 하는 여러 가지 경쟁 우위 요소들을 고르게 잘 갖추어야 한다. 그리고 다양한 위기의 성격과 강도에 따라 부드럽게 대처해 나가는 유연성도 있어야 하며, 적시를 놓치지 않고 성과를 창출할 수 있는 결단력과 행동력도 있어야 하며, 불리한 조건을 유리하게 바꾸어 놓을 줄도 아는 임기응변과 지략도 있어야 한다.

이 책을 통해 소개한 삼성전자의 저력과 성공 비결, 사례를 통해 많은 기업들과 개인은 여러 교훈을 배웠을 것이라고 생각한다. 위기의 순간에 머뭇거리거나 움츠러드는 기업에게는 미래가 없다. 위기의 순간에 얼마나 올바른 선택과 판단을 하고, 얼마나 신속하게 행동을 하느냐에 따라 그 기업의 운명은 이미 결정난다고 봐도 된다. 특히 지금의 삼성전자를 만든 이건희의 위대한 다섯 가지 경영 키워드처럼 우리는 항상 유비무환, 선견지명, 속전속결, 전화위복 그리고 주마가편이란 단어를 가슴 속에 품고 살아가야 할 것이다. 왜냐하면 자만하는 순간 거대기업도, 위대한 개인도 하루아침에 무너질 수 있기 때문이다.

미국의 철학자이며 시인인 랄프 왈도 에머슨은 도전과 창조 정신에 대해 다음과 같은 명언을 남긴 바 있다.

"인생은 하나의 실험이다. 실험이 많아질수록 당신은 더 좋은 사람이 된다."

삼성전자가 날이 갈수록 더 좋은 기업이 되어 갈 수 있었던 원인은 많은 실험을 했기 때문이다.

당신이 5년 후, 10년 후 지금보다 더 좋은 사람이 되기 위해서는 지금까지 해온 것보다 더 많은 실험을 해야 한다. 이것은 앞으로의 삼성전자에게도 결코 예외는 아닐 것이다. 지금까지의 성공은 모두 잊어야 한다. 날마다 자신을 벼랑 위에 세우고 최선을 다하는 사람이 되어야 하듯, 삼성전자도 그렇게 해야 한다. 지금의 삼성전자를 만든 이건희 회장이 한남동 자택경영의 시대를 끝내고 사옥에 정기 출근하는 출근 경영을 시작한 후 그가 항상 하는 말을 우리는 명심해야 할 것이다.

"1등이라고 자만하면 미래는 없다."

그는 이런 말을 삼성전자가 세계 반도체 정상에 오른 1992년에도 했다.

"목표(1등을 추격하는 것)가 있으면 뒤쫓아 가는 것은 어렵지 않다. 그러나 한번 세계의 리더가 되면 목표(1등을 유지하는 것)를 자신이 찾지 않으면 안된다. 또 리더 자리를 유지하는 것이 더 어렵다."

그의 이 말처럼 삼성전자는 자만하는 순간 미래가 없어질 것이다. 그렇기 때문에 어제의 1등을 잊고, 끊임없이 도전하고 실험하고 전진하는 기업이 되어야 할 것이다.